무측천의 정치

易中天中華史: 女皇武則天

무측천의 정치

女皇武則天

易中天中國史

이중텐 중국사 ＼15＼

이중텐 지음 | 김택규 옮김

글항아리

일러두기
- 본문에서 괄호 속 설명은 지명 표기 등을 제외하면 옮긴이가 붙인 것이다.

제1장

후궁 전쟁

정적 소숙비를 상대하기 위해
왕황후는 삭발하고 비구니가 된 무미낭을 궁으로 끌어들였다.
하지만 그녀는 전혀 예상하지 못했다.
그 돌멩이가 자기 발을 찍고
또 당 제국의 머리까지 찍을 줄은.

정부만 문제가 아니었다

소문에 여황女皇 폐하가 또 미남을 뽑는다고 했다.

물론 소문일 뿐이었다.

하지만 호응하는 사람이 적지 않았다. 어떤 관리는 자기 아들이 용모가 수려하고 피부가 희다며 추천했다. 또 어떤 관리는 스스로를 추천하면서 그 물건이 크고 세다며 공공연히 떠들어댔다. 이 일은 조정과 민간을 떠들썩하게 했고 항간에 떠도는 이야기는 대부분 듣기에 민망했다. 이에 주경칙朱敬則이라는 간관諫官은 뭐라고 말하지 않을 수 없다고 생각했다.[1]

간관은 언관言官이라고도 했고 황제에게 의견을 올리는 것이 직책이었다. 이런 제도는 진한秦漢 시대에도 있었지만 당송 시대에 와서 가장 완비되었고 효과적이었다. 위징魏徵이 끊임없이 당태종의 잘못을 바로 잡을 수 있었던 이유 중 하나는 그가 오랫동안 간관을 맡았었기 때문

009

---

1 『구당서舊唐書』「장행성전張行成傳」

이다. 그래서 간관은 관등이 낮기는 해도 발언권과 영향력은 작지 않았다. 황제를 비판하는 일밖에 안 하는데도 그랬다.[2]

주경칙은 중서성中書省의 간관으로 직함은 우보궐右補闕, 등급은 종7품상從七品上으로 부군수급이었다. 그러나 문제는 지위의 고하가 아니라 말하기가 여의치 않은 데 있었다. 말하기가 여의치 않았던 것은 프라이버시 때문이 아니었다. '가국일체家國一體'의 제도적 틀 아래에서는 황가皇家가 곧 국가였다. 따라서 천하의 주인이자 제국의 원수로서 황제는 이론적으로 프라이버시가 없었다. 만약 그가 부적절한 여자를 아내로 들이려 하거나 욕망이 과도하면 재상부터 간관까지 모두 반대할 권한이 있었다.

그런데 안타깝게도 당시의 황제는 여성이었다.

여성이 국가 원수였던 예는 다른 민족의 역사에서 끊임없이 있었다. 이집트와 로마 제국에도 있었고 훗날의 영국과 러시아, 당시의 일본과 한국에도 있었다. 하지만 중국은 그때까지 여성이 황제였던 적이 없었기 때문에 사상적, 제도적 준비가 전혀 안 돼 있었다. 그래서 여황 폐하의 성생활이 난제로 떠올랐다.[3]

그 문제는 남성 황제에게는 없던 것이었다. 제도적으로 보장돼 있었기 때문이다. 당나라의 제도는 황후 외에도 각기 아홉 명의 비妃, 빈嬪, 첩여婕妤, 미인, 재인才人 등을 규정하고 있었다. 일반적으로 이 정도면 충분했고 더욱이 황제는 사람을 고르거나 바꿀 수도 있었다. 심지어

---

2 이 시리즈 13권 『수당의 정국』과 졸저 『제국의 슬픔』 참고.
3 예컨대 중국 수당 시대에 일본에는 스이코 여황과 지토 여황이 있었고 신라에는 선덕여왕과 진덕여왕이 있었다.

널리 모집하는 것도 가능했다.

귀부인도 문제가 크지는 않았다. 배우자가 죽으면 재혼도 할 수 있었고 공공연히 섹스 파트너를 구하는 것까지 가능했다. 남조 유송劉宋의 산음山陰공주는 자기 남동생에게 이런 말을 했다고 한다.

"나와 폐하는 다 선제先帝의 자식인데 폐하는 후궁이 만 명이고 누이동생인 나는 겨우 부마 한 명뿐이니 너무 불공평하지 않느냐?"

그래서 황제의 남동생은 그녀를 위해 젊고 건강한 미남 30명을 뽑아 제공했고 그들은 '면수面首'(귀부인들이 노리개로 삼던 미남자)라고 불렀다.[4]

안타깝게도 그것은 여황에게는 해당 사항이 아니었다.

여황은 재혼을 할 수 없었다. 재혼을 하면 누가 황제가 된단 말인가? 그녀가 동성애자인 경우를 제외하고는 황후와 비빈을 책봉할 방법도 없었다. 남성 황후와 비빈은 아예 역사적으로 전례가 존재하지 않았다. 하지만 그렇다고 해서 여황이 성생활을 하지 못하는 것은 말이 안 되는 일이었다. 그것조차 못하면 어떻게 제왕이라 할 수 있겠는가? 게다가 비인도적이기도 했다.

부득이 사통을 해야 했다.

사통은 반공개적으로 이뤄졌고 첫 번째 정부는 설회의薛懷義였다. 그자는 본래 낙양의 길거리에서 가짜 고약을 팔던 건달로 본명이 풍소보馮小寶였다. 체격이 우람하고 근육이 발달해서 고조 황제의 딸인 천

011

세계사 속 여황

지토 여황(645~703) 일본의 41대 천황으로 686년부터 697년까지 재위했다. 덴무 천황의 황후였다가 덴무 천황이 죽자 섭정을 하며 황자가 황위를 잇도록 도왔다. 하지만 황자가 요절하자 스스로 천황이 되었다. 재위 10여 년 후, 몬무 천황에게 양위했다.

이사벨 1세(1451~1504) 스페인 통일 이전, 카스티야 왕국의 여왕으로서 아라곤의 왕 페르난도 2세와 결혼하여 함께 '실지失地 수복 운동'을 벌여 훗날 스페인 통일의 기틀을 닦았다.

빅토리아 여왕(1819~1901) 영국 하노버 왕조의 마지막 군주로 1838년에 즉위했고 1837년부터 1901년까지 무려 60여 년에 달하는 재위 기간에 유명한 '빅토리아 시대'를 열었다. 영국 역사상 가장 대표적이고 영향력이 컸던 군주 중 한 명이다.

금千金공주의 눈에 들었다가, 테스트를 거쳐 다시 여황에게 추천되었다. 추천의 말은 이랬다.

"소보는 대단히 쓸 만하여 곁에서 모실 만합니다."

그때 여황의 명의는 아직 태후였지만 실질적으로는 이미 섭정을 하는 일국의 군주였기 때문에 그녀의 아들인 허수아비 황제는 당연히 그 일에 관여할 수 없었다. 여황은 비록 환갑이 넘었어도 성욕이 여전히 왕성했다. 과부 생활 2년 만에 그런 남자를 얻었기에 실로 가뭄 끝에 단비를 만난 듯해 신분 따위는 가리지 않았다. 하지만 그래도 남의 이목이 신경 쓰이기는 해서 풍소보의 이름을 설회의로 바꾸고 머리를 깎아 승려가 되게 했다. 승려와 도사는 종교 활동을 핑계로 자유롭게 후궁을 드나들 수 있었기 때문이다.[5]

여황에게 몸을 바쳤으니 당연히 풍족한 대가가 주어졌다. 가짜 승려 설회의는 즉시 명예와 권력을 손에 쥐고 안하무인으로 거들먹거리며 다녔다. 하지만 안타깝게도 이 무식한 시정잡배는 중국의 전통문화가 명분을 중시한다는 것을 잊었거나 아예 몰랐다. 그는 침대 위에서 여황의 환심을 사기는 했지만 정식으로 책봉된 남자 비妃는 아니었다. 그래서 대놓고 재상 소량사蘇良嗣를 무례하게 대했을 때는 조정의 군사에게 눌려 넘어져서 따귀 수십 대를 얻어맞았다.

설회의가 궁에 들어가 울며불며 하소연을 했지만 미래에 여황이 될 태후는 뜻밖에 화를 내지 않고 그저 웃기만 했다.

---

5   이상은 『구당서』 「무승사전」에 딸린 「설회의전」과 『자치통감』 203권 수공 원년 11월 항목 참고.

"호호, 앞으로는 뒷문으로 다니세요. 법사. 앞문 쪽은 재상들의 영역이라 실례하면 안 됩니다."

공은 공이고 사는 사였다. 그 노부인은 생각이 거울처럼 맑고 뚜렷했다.

소량사에게는 당연히 아무 일도 없었다. 거꾸로 왕구례王求禮라는 감찰관이 조정에 상소를 올려, 설회의의 생식기를 잘라 '궁녀들의 정절'을 지켜야 한다고 주장했다. 물론 태후는 이에 대해서도 그냥 웃고 넘어갔다.[6]

가짜 승려와 여황의 성관계는 약 10년간 유지되었고 마지막에는 설회의가 비명횡사하는 것으로 마무리되었다. 그자는 여황에게 살해된 게 분명하다. 그 이유는 아마도 그자가 성적 서비스를 제공하는 데 염증을 느꼈고 또 질투심으로 말썽을 일으켰기 때문일 것이다. 이미 새 파트너가 생긴 여황에게 그것은 당연히 용인될 수 없는 일이었다. 결국 그자는 실컷 못된 짓만 하다가 차가운 시체가 돼버렸으며 조정과 민간에서는 누구도 그를 동정하지 않았다.[7]

여황의 태도도 마찬가지였다.

실제로 2년 뒤, 그녀에게 또 두 명의 정부가 생겼다. 그들은 바로 장역지張易之, 장창종張昌宗 형제였다. 형제는 모두 20여 세였으며 여황은 이미 73세의 고령이었다. 그러나 폐하의 흥취는 전혀 줄지 않았다. 아마도 그녀의 전남편 고종 황제가 오랫동안 병에 시달려 불만족스러운

---

6 이상은 『자치통감』 205권 천책만세天冊萬歲 원년 2월 항목 참고.
7 설회의의 죽음은 『구당서』 「무승사전」에 딸린 설회의전과 『자치통감』 205권 천책만세 원년 2월 항목 참고. 무측천이 그때 새 정부가 있었는지는 확실치 않지만 일반적으로 어의 심남구沈男璆가 새 정부였다고 추측한다. 린위탕林語堂, 『무측천정전』과 레이자지雷家驥, 『무측천전』 참고.

성생활로 좋은 시절을 적잖이 날렸기 때문일 것이다. 지금 제국은 이미 그녀의 천하였고 본인의 성적 능력도 설회의에 의해 부쩍 증진된 터라 당연히 행복한 만년을 즐기려 했다.

장씨 형제는 태평太平공주를 통해 입궁했고 먼저 테스트를 거쳤는지는 알 도리가 없다. 대체적인 사연은 이랬다. 여황 폐하의 그 착한 따님이 장창종을 추천했고 장창종은 또 자기 형인 장역지를 추천했다. 자기 형이 더 물건이 크고 방중술에도 정통하다는 것이 그 이유였다.[8]

여황은 흔쾌히 그 추천을 받아들였다.

장씨 형제는 전혀 다른 종류의 정부였다. 설회의가 저속하기 짝이 없는 근육남이었다면 그들은 용모가 수려한 미소년으로 노래와 춤을 비롯한 각종 기예에도 능했으며 사람들에게 오랑五郎과 육랑六郎이라 불렸다. 당시 '걸어 다니는 여우'라고 놀림을 받던 어느 아첨꾼은 그들을 추어올리며 말하길, "모두가 육랑이 연꽃처럼 예쁘다고 말하는데, 제가 보기에는 연꽃이 육랑처럼 예쁜 것이 맞습니다"라고 했다.[9]

여황은 입맛을 바꾸려 했고 식성도 대단했던 것 같다.

주경칙은 이에 따라 비판할 이유가 생겼다. 비판의 길잡이가 된 사상은 유가가 주장한 중용의 도였다. 그는 다음과 같이 말했다.

"남녀가 사랑하는 것은 인지상정이며 그 관건은 적절히 조이고 푸는 데 있습니다. 폐하는 이미 설회의와 장역지, 장창종을 취해 충분히 만족하셨으리라 봅니다. 그런데 지금 많은 이가 성적인 능력을 들어 스스

015

---

8 『구당서』「장행성전」
9 그 아첨꾼은 양재사楊再思라는 인물로 두 『당서』에 전기가 있으며 이 사적은 『자치통감』 장안 4년 7월 항목에 보인다.

로를 추천하고 있으니 어리석은 신으로서는 도저히 이해가 안 됩니다. 신의 직책은 폐하에게 간하는 것이므로 이에 대해 감히 아뢰지 않을 수 없습니다."

그런데 여황은 담담히 웃으며 말했다.

"그런가? 그대가 직언하지 않았다면 짐은 몰랐을 것이다."[10]

이에 큰 상을 주경칙에게 내렸고 나중에는 또 그를 재상의 자리에 앉혔다.

여황은 결코 어리석지 않았다. 그녀는 무측천武則天이기 때문이었다.

무측천은 전무후무한 인물이었고 그녀의 호칭도 유일무이했다. 그녀는 성이 무씨였지만 이름은 측천이 아니었다. 측천은 그녀의 존칭이었다. 퇴위 후 '측천대성황제則天大聖皇帝'라 불렸고 죽은 뒤에는 '측천대성황후'라 불렸다. 성에 존칭이 더해져 '무측천'이 된 것이다.

이것은 당태종을 이태종이라 부르는 것과 같아서 사실 적당하지 않았다. 하지만 방법이 없었다. 그녀를 '주周측천'이라고 부를 수는 없었기 때문이다. 그녀의 주 왕조 수립은 다른 사람도 인정하지 않았을 뿐만 아니라, 그녀 자신도 결국에는 부득이 포기하겠다고 선언했다. 마찬가지로 우리는 그녀를 '당唐측천'이라고 부를 수도 없다. '측천대성황제'는 무주武周, 즉 무씨의 주나라에 속하지, 이씨의 당나라에 속하지는 않기 때문이다.[11]

그녀 스스로 지은 이름인 무조武曌도 거의 쓰인 적이 없다. 그녀가

---

10 『구당서』「장행성전」
11 여기의 일련의 사건은 각각의 시점이 다음과 같다. 신룡 원년(705) 1월 22일, 재상 장간지 등이 쿠데타를 일으켰다. 23일에는 여황제 무측천이 태자가 대신 국사를 관장할 것을 명했다. 그리고 24일에는 태자 이현에게 황위를 넘긴다는 조칙을 반포했다. 25일에는 이현이 주나라 황제로 등극했고 2월 6일에는 무측천이 상양궁上陽宮에 연금되었다. 또 27일에는 이현이 무측천에게 '측천대성황제'라는 존호를 바쳤으며 2월 4일에는 당나라의 국호가 회복되었다.

무측천이 만든 새 글자
본래 글자는 오른쪽부터 왼쪽으로 다음과 같다.
天地日月星 | 載初授證聖 | 國臣正年月 | 萬君照人生
무측천이 만든 글자는 '曌' 자 외에도 더 있었으며 그녀의 이름 말고 다른 경우에도 사용되었다. 고고학자들은 무주 시대의 묘지명墓誌銘에서 새로 만들어진 글자를 20개 가까이 발견했다. 이 글자들은 다소 위쪽으로 치우쳐 있다. 뤄양洛陽 비지탁본박물관碑誌拓本博物館 자료에 근거.

'조曌'처럼 괴상한 글자를 발명할 자격이 있었을 때는 이미 그 이름을 직접 부를 배짱이 있는 사람이 없었기 때문이다. 그녀 자신도 당연히 부를 필요가 없었다. 당시 그녀는 스스로를 '짐'이라고 칭했다.

역시 '무측천'이라고 부를 수밖에 없다.[12]

하지만 그래도 문제다. 무측천은 측천황제인가 아니면 측천황후, 측

---

12 측천의 유래에 관해서는 두 가지 의견이 있다. 하나는 그녀가 황제로 즉위할 때 낙양궁 남쪽의 정문이 '측천문'이었다는 것이며 다른 하나는 『논어』의 "唯天爲大, 唯堯則之(하늘만이 위대한데, 요 임금만 그러하구나)"에서 글자를 따왔다는 것이다. 그러나 이 칭호는 후대의 황제에 의해 '천후天后' '대성大聖천후' '성제聖帝천후' 등으로 여러 차례 바뀌었다. 개원 9년(721), 저작랑著作郎 오긍吳兢이 『측천실록則天實錄』에서 처음 '측천' 이 두 글자를 사용해 황후이자 황제였던 이 여인을 개괄적으로 부르기 시작했다. 그리고 천인커陳寅恪 선생이 『당대 정치사 술론고唐代政治史述論稿』에서 '무

천태후인가? 모두 다이기도 하고 전부 다는 아니기도 하며 이것만이 아니기도 하다. 사실 정통 역사학자에게 그녀는 '문제 제조기'다. 그녀가 낳은 문제는 정부와 명칭만이 아니다. 전체 시스템과 절차도 다 엉망으로 만들어놓았다.[13]

이것은 당연히 그녀가 여성의 몸으로 황제가 되었기 때문이다. 사실 고대 중국에는 여성 집권자가 드물지 않았다. 다만 그전의 여태후, 그후의 서태후는 다 태후였지 여황은 아니었다. 여황은 무측천뿐이었고 또 그녀의 시대에만 여황이 나왔다. 따라서 문제는 명확하다. 그녀는 어떻게 황제가 된 걸까?

측천'이라는 호칭을 사용한 뒤로 무측천은 그녀의 가장 일반적인 호칭이 되었다.
13 예를 들어 『신당서』에는 「측천무황후기」뿐만 아니라 「측천무황후전」도 있어야 했다(무측천의 일생은 제왕의 전기인 기紀로도, 그 이외 신분의 전기인 전傳으로도 기록되어야 했다).

태자위 쟁탈전

무측천이 황제가 될 것이라고는 그녀 자신을 포함해 아무도 상상하지 못했다. 그것은 그녀가 황족이 아니고 또 여성이었기 때문만이 아니라, 그녀가 넘겨받은 당나라가 본래 이세민李世民의 것이었기 때문이다. 그 태종 황제가 얼마나 공들여 나라를 다스리고 널리 인심을 얻었던가. 무슨 변고가 생기지 않았다면 그의 정권은 전복될 리도, 전복할 누군 가가 등장할 리도 없었다.

그 변고는 후계자에게서 생겼다.

후계자는 본래 문제가 안 됐다. 이세민에게는 열네 명의 아들이 있던 데다, 장남 이승건李承乾, 사남 이태李泰, 구남 이치李治는 다 장손長孫황 후가 낳은 적자였기 때문이다. 황후는 현숙하고 덕망이 높아서 태종도 그녀를 매우 존중했다. 그래서 정으로든 이치로든 법으로든 태자는 적장자嫡長子인 이승건이 되는 게 옳았다. 이세민이 즉위한 지 두 달 만에

8세의 이승건이 태자로 세워진 사실이 그것을 증명했다.

하지만 애석하게도 이 태자는 정말 변변치 못했다. 태종은 여러 유명한 스승을 초빙해 그를 가르치게 했지만 전혀 도움이 안 됐고 철저히 실망만 했다. 나중에 그는 한왕漢王 이원창李元昌과 재상 후군집侯君集의 선동으로 모반을 일으켰다가 일을 그르쳐 폐위되었고 검주黔州(지금의 쓰촨성 평수이彭水)에 유배된 지 2년 만에 쓸쓸하게 숨을 거뒀다.[14]

종법에 따르면 태자 자리는 사남인 위왕魏王 이태에게 돌아가야 했다.

이승건보다 한 살 어린 이태는 잘생기고 똑똑하며 다재다능한 동시에 성격까지 듬직해서 줄곧 부황의 마음에 들었다. 사실 폐태자 이승건이 궁지에 몰려 모험을 감행했던 것은 이세민의 편견 및 이태의 오만방자한 압박과 관련이 없지 않았다. 쿠데타가 실패한 후, 이승건은 마지막으로 태종에게 이런 진술을 했다.

"신이 귀한 태자의 몸으로 더 무엇을 도모했겠습니까? 그저 태에게 핍박을 받아 그랬을 뿐입니다. 만약 부황께서 태를 태자로 세우신다면 그건 그의 함정에 걸려드시는 겁니다."[15]

당태종은 가슴이 덜컥 내려앉았다.

조정의 중신들도 이태를 태자로 세우는 데 반대했다. 특히 이미 죽은 황후의 오빠인 장손무기長孫無忌와 간의대부諫議大夫 저수량褚遂良이 그랬다. 그들은 구남인 진왕晉王 이치를 태자로 세우자고 주장했다. 당시 16세였던 이치는 효성스럽고 우애가 깊은 청년이긴 했지만 너무 물 020

---

14 두『당서』의「이승건전」
15 이승건을 맡아 가르쳤던 사람으로 이강李綱, 우지녕, 이백약李百藥, 두정륜杜正倫, 공영달孔穎達, 장현소張玄素 등이 있었으며 이들은 모두 당시의 뛰어난 인재였다. 이상의 이승건 관련 사적은 두『당서』의「이승건전」과『자치통감』197권 참고.

러터져서 패기가 전혀 없었다. 당태종은 수심에 잠겨 장손무기에게 말했다.

"그대는 치를 태자로 세우라고 하지만 치는 저렇게 나약하니 어찌해야 하는가?"[16]

하지만 장손무기 등은 이치의 그런 문약함과 무기력함이 오히려 마음에 들었다. 아마도 그들은 이세민을 모시느라 이미 지칠 대로 지쳐서 더 이상 '뛰어난 임금雄主'을 원치 않았던 것 같다. 그리고 더 중요한 것은, 그들 원로파가 이미 기득권을 가진 상태에서 당시 이태 곁에 공신들 자제 위주의 소장파가 대거 몰려 있었다는 사실이다. 그 패거리는 이태의 '작은 함대'이자 작은 조정으로서 언제든 정권을 빼앗아 세상을 바꿀 준비가 돼 있었다. 그것은 장손무기와 저수량 등이 절대 원치 않는 일이었다.[17]

반면에 이치는 훨씬 통제하기 쉬웠다. 그는 패거리도 없고, 능력도 없고, 경험도 없어서 그저 원로파의 그늘 밑에 숨은 채 당태종과 위징이 일관되게 주장한 '군신공치君臣共治'나 실현할 수 있을 뿐이었다. 그의 나약한 성격도 최대한 긍정적으로 '인효仁孝', 즉 인자하고 효성스럽다고 이해해줄 수 있었다.

이 계산은 썩 괜찮았다. 단지 무측천을 계산에 못 넣었을 뿐이었다. 장손무기도, 저수량도 이치 옆에 그런 뱀 같은 여자가 나타나리라고는 예상하지 못했다. 그들은 이치가 통제하긴 쉽지만 자신들의 손이 아닌

16 『신당서』「복왕태전濮王泰傳」
17 레이자지, 『무측천전』

무측천의 손에서 통제되리라는 것도 당연히 예상하지 못했다. 결국 그들은 이치를 옥좌에 앉혔지만 이치는 아내의 사주 아래 그들을 못살게 굴었다.

물론 이것은 훗날의 일이다.

이태 쪽에서 여러 차례 실수를 저지르기도 했다. 그는 부황의 환심을 사서 태자 자리를 취하기 위해 짐짓 진실한 태도로 당태종에게 말했다.

"신은 아들이 하나뿐입니다. 장차 신의 수명이 다하면 꼭 폐하를 위해 그 애를 죽이고 황위를 진왕(이치)에게 넘기겠습니다."

누구도 못 믿을 이 말을 뜻밖에도 당태종은 진심이라 믿고 기뻐하며 저수량에게 말했다.

"부자간의 사랑은 본래 천성인데도 태가 짐의 소망을 이뤄주기 위해 그런 희생을 치르겠다니 짐은 정말 감동일세."

저수량은 즉시 경각심이 들었다. 그렇다. 바로 부자간의 사랑이 천성인 까닭에 이태는 거짓말한 게 틀림없었다. 그래서 앞으로 한 걸음 나아가 이세민에게 말했다.

"폐하, 실언이십니다. 여쭙건대 하늘 아래 자기 아들을 죽이고 동생에게 자리를 넘기려는 자가 과연 있겠습니까? 하물며 승건이 모반한 것은 자기 말고 또 태자 자리를 노리는 자가 있었기 때문이 아닙니까? 만약 폐하께서 위왕(이태)을 태자로 삼는다면 반드시 진왕을 처치해야 합니다. 안 그러면 위왕과 사직이 다 위험해집니다." **022**

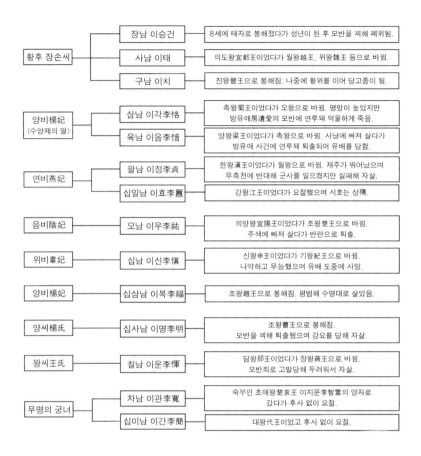

황후 장손씨	장남 이승건	8세에 태자로 봉해졌다가 성년이 된 후 모반을 꾀해 폐위됨.
	사남 이태	의도왕宜都王이었다가 월왕越王, 위왕魏王 등으로 바뀜.
	구남 이치	진왕晉王으로 봉해짐. 나중에 황위를 이어 당고종이 됨.
양비楊妃 (수양제의 딸)	삼남 이각李恪	촉왕蜀王이었다가 오왕으로 바뀜. 명망이 높았지만 방유애房遺愛의 모반에 연루돼 억울하게 죽음.
	육남 이음李愔	양왕梁王이었다가 촉왕으로 바뀜. 사냥에 빠져 살다가 방유애 사건에 연루돼 퇴출되어 유배를 당함.
연비燕妃	팔남 이정李貞	한왕漢王이었다가 월왕으로 바뀜. 재주가 뛰어났으며 무측천에 반대해 군사를 일으켰지만 실패해 자살.
	십일남 이효李囂	강왕江王이었다가 요절했으며 시호는 상殤.
음비陰妃	오남 이우李祐	의양왕宜陽王이었다가 초왕楚王으로 바뀜. 주색에 빠져 살다가 반란으로 퇴출.
위비韋妃	십남 이신李愼	신왕申王이었다가 기왕紀王으로 바뀜. 나약하고 무능했으며 유배 도중에 사망.
양비楊妃	십삼남 이복李福	조왕趙王으로 봉해짐. 평범해 수명대로 살았음.
양씨楊氏	십사남 이명李明	조왕曹王으로 봉해짐. 모반을 꾀해 퇴출됐으며 강요를 당해 자살.
왕씨王氏	칠남 이운李惲	담왕郯王이었다가 장왕蔣王으로 바뀜. 모반죄로 고발당해 두려워서 자살.
무명의 궁녀	차남 이관李寬	숙부인 초애왕楚哀王 이지운李智雲의 양자로 갔다가 후사 없이 요절.
	십이남 이간李簡	대왕代王이었고 후사 없이 요절.

이세민의 아들들. 당 태종에게는 모두 열네 명의 아들이 있었고 그중 두 명(이복, 이치)만 주어진 수명을 누렸다. 이를 두고 『구당서』는 "자제는 성을 지키는 울타리이고 반석이다. 그런데 교만과 사치로 실패해 아무 명성도 얻지 못했다!"며 탄식했다.

이렇게 돼서 사태가 심각해졌다. 사실 조금만 머리를 굴려도 이태의 말이 얼마나 거짓된지 알 수 있었다. 지금 그가 아들이 하나뿐이라고는 하지만 앞으로는 어찌 될 것인가? 더 안 낳겠다는 것인가? 만약 부황 이세민처럼 십여 명을 낳는다면 설마 그들을 죄다 죽이겠다는 것인가? 설령 이태가 그러겠다고 하더라도 그의 아들이 설마 앉아서 죽음을 기다릴 리는 없지 않은가? 만약 십여 명의 아들이 전부 죽을 수밖에 없다면 당연히 한 덩어리가 되어 진왕 이치에게 대항할 것이다.

이치 쪽에도 문제는 있었다. 죽으면 양위를 해주겠다고 이태가 맹세를 했다고 해서 설마 이치가 태평스럽게 형이 죽기만을 기다리겠는가? 형이 빨리 죽도록 아무 조치도 안 취할 리가 있겠는가? 또 이태가 죽기 전에 미처 자기 아들을 다 죽이지 못한다면 그는 또 어떡해야 하나? 직접 손을 쓰거나 무력 충돌을 해야 하나? 모두 예측하기 어려웠다.

오직 예측 가능한 한 가지는 이태가 제시한 방안대로 하면 훗날 골육상잔의 피바람이 불 게 뻔하다는 사실뿐이었다. 더구나 전후로 두 태자를 미리 세우면 조정 대신들이 두 파벌로 나뉠 게 뻔했고 때가 돼서 그 두 파벌이 궁정 쿠데타에 참가하면 나라도 분열될 가능성이 있었다. 따라서 위왕 이태를 태자로 세우려고 하면 지금 당장 진왕 이치를 죽여야만 했다.

당태종도 사태를 깨닫고 눈물을 철철 흘리며 말했다.

"난 그렇게는 못하네."[18]

그러나 이태는 계속 수작을 부렸고 심지어 이치를 을러대기까지 했다.

"너는 평소에 한왕 이원창과 가장 사이가 좋았는데 지금 그자가 태자의 모반에 끼어 목이 달아났는데도 무섭지 않느냐?"

이치는 본래 겁이 많고 배짱이 부족해서 그 말을 듣고서 과연 우거지상이 돼서 부황 앞에만 가면 전전긍긍했다. 다만 이태는 자기가 똑똑한 척하는 바람에 오히려 이세민이 뭔가를 새로 깨달을 줄은 몰랐다.

"태를 태자로 세우면 승건과 치가 다 위험해진다. 치를 태자로 세워야만 세 아들 모두 평생 안전할 것이다."[19]

그래서 당태종은 태자와 위왕을 동시에 퇴출하기로 결정하고 또 후자를 균주均州(지금의 후베이성 쥔현均縣)로 내쫓았다. 세 아들을 다 지키려던 그의 바람은 과연 실현되었다. 이치는 두 형의 불행한 처지를 동정하고 그들의 옷과 식사가 변변치 못할 것까지 걱정해, 그들이 가는 길에 있는 부서들을 시켜 특별히 그들을 돌보도록 부황에게 부탁했다.[20]

이치는 확실히 효성스럽고 우애가 깊었다.

이승건과 이태를 일단 처리하고 나서 당태종은 지칠 대로 지쳤고 의기소침해지기까지 했다. 그는 절친한 몇 명의 대신에게 말했다.

"자네들도 짐의 세 아들과 동생(한왕 이원창)이 무슨 짓을 했는지 다 보았지? 더 살아 뭐하나 싶은 생각이 드는군."

말을 마치고 그는 칼을 빼어 자살을 하려 했다.

---

18 두 『당서』의 「저수량전」
19 『신당서』 「복왕태전」
20 『자치통감』 197권 정관 17년 5월 항목 참고.

대신들이 즉시 달려들어 그의 허리를 부둥켜안았다.

저수량은 칼을 빼앗아 이치에게 넘겼다. 장손무기는 저수량의 그 동작이 무엇을 뜻하는지 재깍 알아보고서 기회를 놓칠까봐 즉시 이세민에게 물었다.

"폐하는 누구를 태자로 세우려 하십니까?"

당태종은 엉겁결에 말했다.

"나는 역시 진왕을 세우고 싶네."

장손무기는 바로 결의를 밝혔다.

"삼가 명을 받들겠습니다. 이의를 밝히는 자는 신이 참하겠습니다!"

당태종은 부득이 이치에게 말했다.

"네 외삼촌께 감사드려라!"

이치는 당장 장손무기를 향해 한쪽 무릎을 꿇었다.

당태종은 또 장손무기에게 말했다.

"여론이 어떨지 잘 모르겠네."

"진왕은 인자하고 효성스러워 천하가 진심으로 따른 지 이미 오래되었습니다. 청컨대 폐하께서는 문무백관에게 의견을 구하십시오. 만약 반대하는 자가 있다면 신은 만 번 죽어도 마다하지 않겠습니다."

당태종은 그 제안을 받아들여 태극전太極殿에 6품 이상의 신하들을 다 불러모았다.

"승건은 반역을 저질렀고 태도 흉험하여 둘 다 태자로 세울 수 없다. **026**

짐은 황자 중 따로 한 명을 택해 태자로 삼으려 하는데 그대들은 누가 가장 적절한 것 같은가?"

그의 물음에 신하들이 이구동성으로 말했다.

"진왕이 인자하고 효성스러워 태자로 세울 만합니다."

나약한 이치는 이렇게 태자가 되었다.[21]

사실 이 극적인 장면은 매우 의심스럽다. 당태종이 곧 마음이 바뀌어 오왕 이각李恪을 태자로 세우려다 또 당연하게도 장손무기에게 저지당했기 때문이다. 이때의 태자, 즉 훗날의 고종은 실제로는 원로파에 의해 추대되었다고 볼 수 있다. 그들이 그럴 수 있었던 것은, 한편으로는 당태종이 군주와 신하가 함께 천하를 다스리는 것을 강조했기 때문이며, 다른 한편으로는 정관貞觀 후기에 권력이 이동하여 저수량이 정책 발의권을, 장손무기가 정책 결정권을 장악했기 때문이었다.[22]

당태종이 심약해져서 양보를 했던 것도 당연히 원인 중 하나였다.

뛰어난 재능과 원대한 계략을 자랑했던 당태종도 만년에는 정에 흔들렸던 것 같다. 그는 정권이 별 탈 없이 이양되기만을 바랐고 장손무기 등은 자신의 기득권을 지키기만을 바랐지만 모두 뜻하지 않게 만회할 수 없는 실수를 저지르고 말았다. 이에 당나라는 하마터면 강산을 잃을 뻔했고 장손무기와 저수량은 목숨을 잃었다.

하늘에서 떨어진 떡은 이치의 것이면서 무측천의 것이었다. 여성은 황제가 될 수 없었지만 황후가 될 수는 있었다.

---

21 『자치통감』 197권 정관 17년 4월 항목과 두 『당서』의 「장손무기전」 참고.
22 『신당서』 「욱림왕각전郁林王恪傳」과 자오커야오趙克堯, 쉬다오쉰許道勳의 『당태종전』 참고.

어리석은 황후

무측천은 본래 황후가 될 수 없었다. 그는 이치의 여자가 아니라 이세민의 여자였고 궁에 들어갔을 때는 겨우 14세였다. 당시 그녀의 어머니는 생사의 이별이라도 하듯 구슬프게 울었다고 한다. 하지만 소녀는 대수롭지 않게 말했다.

"천자를 뵈러 가는 게 뭐 그리 나쁜 일이라고 그렇게 애달프게 우세요?"

어머니 양씨楊氏는 바로 울음을 그쳤다.

그 후의 일에 관해서는 믿을 만한 역사적 기록이 드물다. 정식 사서는 쉬쉬하고 민간 전설은 억측이 난무한데, 어쨌든 그녀가 당태종에 의해 정5품의 재인才人으로 책봉되고 무미武媚라는 칭호를 받았으며 사람들에게 미낭媚娘이라고 불린 것은 틀림없는 듯하다. 그녀는 궁 안에서 별 탈 없이 무료하게 11년의 세월을 보냈고 당태종 사후에는 관례대로

감업사感業寺에 들어가 머리를 깎고 비구니가 되었다. 그때 그녀의 나이는 25세였다.[23]

비구니가 되는 것은 당연히 무미낭의 바람이 아니었다. 본래 그녀의 목표는 적어도 정2품 빈嬪이나 정1품 비妃가 되는 것이었고 그러려면 천자에게 총애를 받아야 했다. 하지만 당태종은 그녀에게 기회를 주지 않았다. 정반대로 늙은 황제의 붕어로 그녀의 원대한 이상은 재가 되어 날아갔으며 아마도 등잔불과 불상 앞에서 이번 생을 보낼 수밖에 없을 듯했다.

보통의 여자에게 그것은 운명이었다.

그러나 비범한 무미낭은 절대 운명을 받아들이지 않았다. 그녀는 일찌감치 한 젊은 남자에게 은밀히 거미줄을 걸쳐놓았다. 그 사람은 당연히 훗날의 고종, 이치였고 시점은 분명 태종이 중병을 앓을 때였을 것이다. 당시 이치는 태자의 신분으로 어전에서 직접 탕약 시중을 들었으며 무미는 재인으로서 음식과 일상을 책임졌다. 두 사람은 빈번히 마주치다가 시간이 가다보니 정이 생겼거나, 첫눈에 반했거나, 몰래 마음이 맞았거나, 심지어 몸을 섞었을 것이다. 어떤 것이든 다 가능했다.[24]

디테일한 사정은 관례대로 정사에는 기록이 없다. 비록 문인들은 여왕 클레오파트라 같은 에로틱한 이야기를 상상하고 싶어했지만 말이다. 하지만 고종은 천하의 백성에게 무슨 설명이든 하긴 해야 했다. 그

029

23 이상은 『신당서』 「측천무황후전」
24 『당회요唐會要』 「황후」

1후后	황후	
4비妃	귀비 현비賢妃 덕비德妃 숙비淑妃	정1품
9빈嬪	소의昭儀 소용昭容 소원昭媛 수의修儀 수용修容 수원修媛 충의充儀 충용充容 충원充媛	정2품
27세부世婦	첩여婕妤 9명 미인美人 9명 재인才人 9명	정3품 정4품 정5품
810어처御妻	보림寶林 27명 어녀御女 27명 채녀采女 27명	정6품 정7품 정8품

당나라 후궁 등급표. 사서에 실린 당나라 후궁 제도이며 후기에 약간 조정되어 빈부嬪婦 등급
이 없어지고 3비, 6의, 미인, 재인의 4등급으로 바뀌었다. 『당육전唐六典』의 「상서이부尙書吏
部」「내궁內宮」편 등을 참고.

의 논리는 이랬다.

"당년에 짐이 태자로서 선제를 모실 때, 선제의 비빈들과는 눈길도
마주친 적이 없었다. 선제는 이를 가상히 여겨 무씨를 짐에게 하사했
다."[25]

이것은 당연히 새빨간 거짓말이며 거짓말을 지어내는 솜씨도 썩 능
숙지 않다. 조금만 머리를 쓰면 금세 알 수 있는 것이, 선제가 무미낭을
태자에게 하사했다면 왜 굳이 그녀를 감업사에 보냈겠는가? "눈길도
마주친 적이 없다"는 것은 더 허무맹랑하다. 만약 두 사람이 서로 마음
을 나눈 적이 없었다면 선제가 하사를 했더라도 왜 다른 사람이 아니
라 하필 무미낭을 택했겠는가? 고종은 자기도 모르게 비밀을 고백한

25 『전당문全唐文』11권 「입무소의위황후조立武昭儀爲皇后詔」

셈이다.

하지만 고종은 어쨌든 자기가 선제 때 무미낭을 알았다는 것을 공개적으로 인정했다. 그 후의 전개는 대단히 극적이었다. 이듬해 새 황제가 태종의 기일에 감업사에 가서 분향을 할 때 두 사람은 다시 만났다. 그들이 무슨 말을 나눴는지는 알 길이 없지만 무미낭은 소리 없이 흐느꼈고 이치는 눈물을 줄줄 흘렸다.²⁶

확실히 태종의 병상 앞에서 둘이 눈길도 마주친 적이 없었다는 것은 영락없는 거짓말이다. 정반대로 그 한 쌍의 위험한 커플은 비록 육체적 관계는 별로 없었더라도 마음은 이미 통했던 게 분명하다. 안 그랬으면 감업사에서 그런 장면을 연출했을 리가 없다.

부황의 병상 앞에서 사귀고 감업사에서 재회한 게 틀림없다.

그 재회가 우연이었는지 계획된 것이었는지는 고증하기 어렵다. 그래도 당시 무미낭이 이치에게 공을 들였던 것은 확실하다. 14세에 이미 자기 생각이 뚜렷했던 그녀는 당연히 죽을 날이 가까운 늙은 황제보다는 전도유망한 그 젊은이가 훨씬 쓸 만하다는 것을 알았을 것이다. 그래서 꼭 육체로 그를 유혹했다기보다는 자신의 감정을 미끼로 삼았다고 봐도 무방하다. 다정다감했고 또 처음 금단의 열매를 맛본 '어른 아이' 이치는 자연스레 그녀의 포로가 되었다.

무미낭은 틀림없이 기뻤고 안심했을 것이다. 이치는 사랑하는 여자를 매정하게 버릴 사람이 아니어서 그녀의 운명은 바뀔 게 분명했기

031

---

26 이에 대해 『당회요』 「황후」에서는 "그때 상上(이치)은 동궁에 있었고 시봉侍奉을 하다가 무씨를 좋아하게 되었다. 태종이 붕어하자 무씨는 비빈들을 따라 출가하여 감업사의 비구니가 됐다. 상이 기일에 향을 사르러 감업사에 갔다가 그녀를 만났는데 그녀는 흐느끼고 상도 눈물을 흘렸다"라고 기록했다. 두 사람이 언제 만났는지 정확한 기록이 없지만 틀림없이 영휘 원년 5월 26일이었을 것이다. 무미낭이 다시 입궁해 소의가 된 때가 영휘 2년 8월부터 10월 사이였기 때문이다. 1년여의 시간차는 그녀에게 머리 기를 시간이 필요했다는 것으로 설명될 수 있다.

때문이다. 단지 황제도 예법을 따라야만 한다는 게 문제였다. 황제가 마음에 둔 그 여자는 선제의 첩이었고 또 출가한 사람이었다. 정당한 이유와 든든한 배경 없이 다시는 후궁에 들어가기 힘들었다.

그때 한 어리석은 여인이 그들을 도와주었다.

그 여인은 바로 왕王황후였다.

왕황후는 태종이 직접 뽑은 명문가 출신으로서 의심할 여지 없이 현숙하고 고상하며 너그러운 여인이었을 것이다. 하지만 오히려 그랬기 때문에 남편 입장에서 그녀는 매력이 없어 보였고 침대 위에서는 더더욱 재미가 없었다. 이치가 뛰어난 인재는 아니었지만 그렇다고 성욕이 없지는 않았으며 아쉬운 대로 그냥 참고 살지도 않았다. 그에게는 따로 소숙비蕭淑妃도 있었다. 그 여인은 그와 매일 밤을 불태웠고 아들딸도 낳아주었다. 하지만 황후 마마의 배는 영 부를 기미가 없었다.

황후는 이게 다 소숙비 탓이라고 생각했다.

이에 질투에 이성을 잃은 모든 어리석은 사람과 마찬가지로 황후는 제 딴에는 먹혀들 것 같은 한심한 아이디어를 생각해냈다. 황제와 정을 통한 그 어린 비구니를 궁에 들여 소숙비와 서로 물어뜯게 함으로써 어부지리를 얻는 것이었다.

황후의 지지를 얻어 무미낭은 이내 소망을 이뤘다. 그녀는 낡은 배표를 갖고 다시 후궁이라는 호화 여객선에 올랐고 신속하게 9빈의 으뜸인 소의昭儀까지 올라갔다. 이치도 좋아했다. 자나 깨나 그리워했던 여

당나라 여성의 패션

무미낭이 이치를 정복할 수 있었던 것은 계략만이 아니라 그녀의 매력과도 당연히 관련이 있었다. 아름다울 '미媚' 자는 그녀 개인의 상징인 동시에 당나라 여성의 풍류를 의미한다.

화장의 순서: 연분鉛粉(얼굴빛을 곱게 하는 밝은 살구색이나 흰색의 가루)을 바르고, 연지臙脂를 찍고, 눈썹을 그리고, 이마 장식을 붙이고, 보조개 장식을 찍고, 뺨 장식을 그리고, 입술을 칠했다. 그림과 주석은 시안 대명궁大明宮박물관의 것을 참고했다.

당나라 여성의 머리 모양은 매우 다채로웠고 여기에 뽑은 것은 그중 세 가지다. 미국 화교 화가 낸시 즈엉의 일러스트이며 나춘잉納春英의『당대 복식 패션唐代服飾時尙』과 양즈첸楊志謙의『당대 복식 자료선唐代服飾資料選』을 참고했다.

자를 마침내 손에 넣었고 그 성숙한 여자는 솜털이 보송보송한 어린 여자보다 잠자리의 즐거움을 훨씬 잘 알았다. 결국 그는 거미줄에 걸린 파리 꼴이 되었다. 비록 그 거미줄은 부드럽고 따스하며 향기롭기는 했지만.[27]

그러나 왕황후는 쓴맛을 보고 말았다. 그녀의 아이디어는 썩 괜찮았는지도 모르지만 안타깝게도 상대를 잘못 골랐다. 그 어린 비구니는 막 궁에 들어와서는 황후 앞에서 고양이처럼 아양을 떨었고 또 성공적으로 황제가 소숙비를 멀리하게 만들었으며 나아가 소숙비처럼 황제를 독점하지도 않았다. 그러나 그녀의 온순함과 인내와 표정 관리에는 공통적인 원대한 목표가 있었고 그것은 바로 자기가 왕황후를 대신하는 것이었다.

어리석은 황후는 마침내 자기가 호랑이를 집에 들였음을 깨달았으며 한때 서로 원수였던 두 여자는 함께 손을 잡고 더 위험한 정적情敵을 상대하기로 했다. 하지만 안타깝게도 이미 때는 늦었다. 무소의는 벌써 황제의 아이를 셋이나 낳았고 이치라는 순한 양은 그 호랑이의 품에 깊이 안겨 소 열 마리가 당겨도 떼낼 수가 없었다.[28]

더구나 기이한 사건이 진작에 궁 안에서 일어나기도 했다.

사건 자체는 단순했다. 영휘永徽 5년(654) 초, 무소의는 공주를 낳았다. 어느 날 고종이 신바람이 나서 딸을 보러 갔다가 공주가 강보 속에서 죽어 있는 것을 보았다. 그는 깜짝 놀라 물었다.

---

27 무미낭의 재입궁과 관련해 새 황제가 그녀를 부른 것인지, 왕황후가 그녀를 부른 것인지, 아니면 왕황후가 그녀를 부르자고 새 황제에게 요청한 것인지 『당회요』, 두 『당서』, 『자치통감』의 견해가 각기 다르지만 여기서 논의하지는 않겠다.
28 그 세 아이는 효경황제 이홍, 안정공주, 장회태자 이현이었고 기간은 영휘 3년(652) 7월부터 영휘 5년(654) 12월까지였다. 왕황후가 무소의를 경계한 것은 『신당서』 「측천무황후전」, 소숙비와 손을 잡은 것은 『당회요』 「황후」 참고.

"방금 전에 누가 왔었느냐?"

궁녀들이 이구동성으로 답했다.

"황후 폐하입니다."[29]

그것은 '영아 살해 사건'으로 보였다.

하지만 그 사건은 몹시 미심쩍었다.

사실 아기의 급사에는 여러 가지 원인이 있을 수 있었다. 왕황후가 아기를 보고 갔다고 해서 그녀가 범인이라고 단정할 수는 없었다. 그리고 그녀가 정말 살인도 불사할 정도로 독한 짓을 했다면 그 대상은 무소의의 딸이 아니라 아들이어야 했다. 하물며 왕황후가 아무리 어리석다 한들 정적의 처소를 범죄 현장으로 삼을 만큼 어리석지는 않았다. 더군다나 이제껏 궁정 암투에서 보인 행태를 보면 그녀는 아예 그런 독수를 펼칠 만한 위인이 못 되었다.

그렇다고 무소의를 범인으로 모는 것도 이치에 맞지 않다. "호랑이가 사나워도 자기 새끼는 안 잡아먹는다虎毒不食子"는 말이 꼭 그 여인에게 적용되지는 않았지만, 그녀의 아이큐를 우습게 보기도 힘들었다. 그녀는 무턱대고 일만 벌일 줄 아는 호랑이가 아니라, 풀숲에서 오래 잠복해 있다가 일단 입을 벌리면 꼭 목을 물어 피를 보고야 마는 독사였다. 그런데 생각해보면 자기 아이를 목 졸라 죽이고 그것으로 막 자리를 뜬 황후를 모함한다고 해서 죄를 뒤집어씌울 수 있었을까?

035   그럴 수 없었다. 무엇보다 왕황후 혼자 아이를 보러 온 것 자체가 너

---

29   이 사건을 『자치통감』은 영휘 5년의 '이해是歲' 항목에 넣었다. 무소의는 영휘 3년(652) 7월에 이홍을 낳았고 영휘 5년(654) 12월에는 이현을 낳았다. 따라서 공주를 낳은 것은 영휘 5년 초나 영휘 4년 말이었을 것이다.

무 이상했다. 존귀한 황후가 어떻게 시중드는 사람 하나 없이 비빈의 처소에 올 수 있었을까? 아랫사람이자 아기의 엄마로서 무소의가 어찌 옆에서 그녀를 모시지 않을 수 있는가? 황후는 또 어떻게 시중을 죄다 물러가 있게 명령할 수 있었을까? 이처럼 빈틈이 너무 많아 황후에게 죄를 뒤집어씌우기는 힘들었다.[30]

따라서 공주의 죽음은 단순 사고일 뿐이었다.

사실 그 사건은 큰 풍파를 일으키지는 않았다. 죽은 공주도 10년이 지난 뒤에야 추서되었다. 하지만 적어도 황제에게 어느 정도의 심리적 영향은 줄 수 있다는 것을 무소의는 알고 있었다. 당시 왕황후는 바르고 근엄하기로 조정과 민간에서 이름이 높았다. 그 최대의 정적을 거꾸러뜨리기 위해서는 더 큰 음모가 터지기를 기다려야만 했다.[31]

그 음모는 바로 '염승厭勝 사건'이었다.

염승은 다른 사람을 병이나 죽음에 이르게 하는 주술이다. 원수의 형상을 그림이나 목각 인형으로 만들어 거기에 침을 꽂고 저주를 가했다. 이 사건도 마찬가지로 알쏭달쏭했다. 추측해낼 수 있는 것은 침이 가득 꽂힌 자그마한 목각 인형이 왕황후의 침궁에서 발견된 것 정도다. 그 목각 인형의 형상은 무소의였을까, 고종이었을까? 누가 그 일을 고발했을까? 그 일은 왕황후의 어머니 유柳씨의 못난 짓이었을까, 아니면 왕황후에 대한 무소의의 모함이었을까? 정사에는 상세한 설명이 전혀 없어서 후인들의 추측에 맡길 수밖에 없다.[32]

---

30 사건이 매우 미심쩍었던 탓에 『구당서』에서는 한 글자도 언급하지 않았다. 『신당서』 「측천무황후전」과 『자치통감』에서 무측천이 범인이라고 고발했다고 한 것은 사실 송나라인의 편견이었다. 『당회요』에서는 신중하게 "소의가 낳은 딸은 병으로 급사했거나 왕황후에게 살해당했다"고 서술했다.

31 인덕 원년(664) 3월, 이미 죽은 이 장녀는 안정공주로 봉해졌다.

염승술

고대의 염승술은 유래가 깊다. 고대의 장인 노반魯班의 이름을 빌려 쓰인 『노반경魯班經』에는 집을 지을 때 쓸 수 있는 염승술이 기록되어 있는데, 염승의 방법대로 자물쇠, 부적, 쌍도 등을 배치하면(첫 번째 줄) 집의 풍수뿐만 아니라 거주자의 건강과 운명에도 영향을 줄 수 있다고 생각했다. 더 유행하고 보편적이었던 염승술은 '염승전厭勝錢'이었다(두 번째 줄). 복을 빌고 화를 제거하는 의미를 담았다.

　그때는 영휘 6년(655) 6월이었다.

　이전 사건의 파문이 사그라지기도 전에 새 사건이 또 터지는 바람에 왕황후는 아슬아슬한 지경에 처했다. 어리석기는 해도 선량한 편이었던 이 여인은 자리와 목숨을 부지할 수 있었을까? 상대를 사지에 몰아넣기로 결심한 무소의는 또 원하던 바를 이루었을까?

037

32 염승 사건과 관련해 『구당서』 「고종폐후왕씨전」은 왕황후와 그녀 모친의 음모였다고 단정하며 『자치통감』 199권은 『측천실록』에 근거하여 무소의가 왕황후를 모함한 것이라고 말한다. 그리고 『신당서』 「왕황후전」은 무소의가 왕황후와 그녀의 모친을 모함해 황제를 현혹한 것이라고 말한다.

멍청한 원로들

무소의는 자신감이 생겼다.

사실 궁에 돌아온 그날부터 그녀는 한시도 긴장을 풀지 않았고 금세 상황을 간파했다. 우선 왕황후는 흠잡을 데 없는 인물이긴 했지만 매력이 부족하고 황제의 총애를 받지 못해 문제없이 자기가 황후의 자리를 꿰찰 수 있었다. 그다음으로, 향후 그녀의 전장은 후궁이었고 후궁은 좁디좁은 곳이었다. 셋째, 무소의 같은 여인은 멸시와 미움의 대상이었다. 환경을 개선해야만 입지를 굳힐 수 있었고 또 엄중히 방비해야만 승리를 거둘 수 있었다. 그리고 그것은 그녀에게 그리 어려운 일이 아니었다.

확실히 무미낭은 영리했다. 일찍이 태종 시절에 그녀는 후궁에서 시비를 일으킬 수 있는 사람은 황후도 황제도 아니고 눈에 띄지 않는 하인, 특히 궁녀라는 것을 파악했다. 왜냐하면 그들은 신분이 미천해서 **038**

경계하는 사람이 없었고 또 그들의 말은 경시되어 의심하는 사람이 없었기 때문이다. 하지만 누군가를 궁지에 몰아 최후의 일격을 가하려 할 때 그들은 꽤 쓸모가 있었다.

무소의는 그들을 자기편으로 만들기로 했다.

그래서 그녀는 처음부터 왕황후와는 다른 태도를 취했다. 왕황후와 그 집안사람은 자신이 명문가 출신이고 지위가 높다는 이유로 하인들을 안중에도 두지 않았다. 하지만 무소의는 작은 은혜가 어떻게 사람의 마음을 구슬리는지 너무나 잘 알았다. 특히나 왕황후와 소숙비를 증오하는 사람한테는 더 그랬다. 그 결과는 어떻게 되었을까? 후궁들 사이에 자신의 심복과 끄나풀을 가득 심어놓았다. 그래서 기이한 사건이 터질 때면 그들은 모두 증인이 돼줬다. 그 사건들은 금세 미심쩍은 것으로 밝혀졌지만 그래도 상관없었다.[33]

오히려 그러는 게 더 좋았다. 긴가민가해야 의심이 증폭될 수 있었다. 더군다나 무소의는 자기에게 필요한 것은 의견이나 암시일 뿐이라는 것을 잘 알고 있었다.

왕황후는 입이 백 개라도 해명할 방법이 없어 그저 조정 대신들에게 희망을 걸었다.

장손무기와 저수량이 왕황후 편을 들었지만 안타깝게도 싸움이 시작되자마자 패퇴했다. 그 원로 중신들은 일을 너무 쉽게 생각하고 또 상대도 너무 쉽게 본 듯하다. 확실히 그들은 이치가 그토록 무소의에

039

---

33 『신당서』 「측천무황후전」

게 좌지우지되어 당나귀처럼 고집을 부릴 줄은 예상하지 못했다. 그래서 고종이 조회를 마치고 비밀회의를 소집했을 때도 별로 대수롭지 않게 여겼다.

사실 고종도 치밀한 생각이 있지는 않았다. 오직 왕황후를 폐하고 무소의를 대신 황후로 세우려는 목적이 있었을 뿐이었다. 그런데 기껏 내놓은 이유가 영아 살해 사건도 염승 사건도 아니고 황후에게 아들이 없다는 것이었다. 그가 오랫동안 다른 여자 곁에서만 잤는데 황후에게 아들이 있을 턱이 있겠는가? 그것은 아무래도 설득력이 부족했다. 게다가 평소에 그 원로파 대신들을 두려워한 탓에 이치의 말은 힘이 없고 더듬거리기까지 했다. 그 자신조차 억지처럼 느껴졌다.[34]

원로파는 즉각 반대 의사를 표명했다.

먼저 들고일어난 사람은 저수량이었다. 반대한 이유는 간단했다. 왕황후는 명문가 출신이고 선제가 뽑은 사람이어서 과실이 있을 리 없다는 것이었다. 그의 말은 당당하고 떳떳했다. 게다가 왕황후는 선제를 위해 3년간 상복을 입어 당나라의 율법에 맞춰 아내의 의무를 다했다고도 했다. 이치는 반박할 말이 없어 불쾌한 기분으로 회의를 끝냈다.

무소의는 바로 대국을 파악했다.

상황은 매우 분명했다. 우선 영아 살해 사건이든 염승 사건이든 공개 석상에서 거론하기는 아예 어려웠고 왕황후에게 타격을 입힐 수도 없었다. 이치가 비밀회의에서 그 두 사건에 대해 입도 뻥긋하지 않은 것

---

34 이에 대한 『구당서』 「저수량전」의 서술을 보면 고종이 입을 떼기 어려워 거듭 장손무기를 돌아보며 말하길, "죄 중에 후손을 못 낳는 것만큼 큰 죄는 없네. 황후는 아들을 못 낳았고 소의는 아들을 낳았으니 이제 소의를 황후로 세우려 하는데 그대들은 어떻게 생각하는가?"라고 말했다고 한다.

은 그조차 반신반의하고 있었음을 말해준다. 이로써 어린 공주는 결코 그 어미가 죽인 게 아니라는 것도 추측할 수 있다. 그게 아니면 헛되이 계략을 부리다가 아까운 생명만 죽인 꼴이 되지 않는가? 우리는 무소의의 부친 무사확武士獲이 여불위류의 투기꾼이었다는 것을 잊지 말아야 한다. 그 목재상의 딸로서 영리하기 그지없던 무미낭이 손해 보는 장사를 했을 리는 만무했다.[35]

그다음으로, 이치는 못 믿을 남자였다. 우유부단하고 줏대가 없는 데다 마음도 귀도 다 여려서 여인의 품속에서뿐만 아니라 원로파 앞에서도 꼭 어린아이 같았다. 이런 남자는 살살 달래가며 서서히 압박해야 했다. 그리고 더 중요한 것은, 결정적인 순간에는 그의 등에 총구를 들이대고 있어야 했다. 그래서 이튿날 다시 그 일을 의논할 때 무소의는 주렴을 사이에 두고 황제 뒤에 앉아 있었다.

저수량은 그런 사정을 몰랐는지 계속 당당하게 자기 의견을 말했고 더구나 갈수록 격앙되어 부적절한 말을 했다.

"폐하가 새로 황후를 세우신다 해도 반드시 명문가의 여식을 따로 뽑으셔야 합니다. 소의가 선제의 사람이었다는 것을 모르는 사람은 없습니다. 만약 그녀를 황후로 세우신다면 어떻게 천하의 이목을 가릴 것이며 또 자손 대대로는 뭐라고 왈가왈부를 하겠습니까?"

고종의 안색이 심하게 일그러졌다.

041 그러나 저수량은 계속 자기 할 말만 했다.

"선제께서는 임종 시 폐하의 손을 잡고서 신에게 말씀하셨습니다. '짐의 착한 아들과 며느리를 오늘 자네에게 맡기겠네'라고 말이죠. 선제의 그 당부를 폐하도 친히 들으셨으니 설마 잊지는 않으셨을 겁니다. 신은 선제의 기대를 저버린 데다 폐하의 뜻까지 거역했으니 부끄러워 어떻게 처신할 방도가 없습니다. 폐하가 하사한 상홀象笏(신하가 임금을 만날 때 소지하는 상아로 만든 물건)을 돌려드릴 테니 부디 고향으로 돌아가도록 허락해주십시오!"

말을 마치고 저수량은 상홀을 내려놓고서 피가 나도록 이마를 바닥에 찧었다.[36]

황제는 벌컥 화가 났다.

그럴 만도 했다. 저수량이 그에게 정면으로 폭탄을 던진 격이었기 때문이다. 당나라의 천자가 아니라 다른 사람이었어도 머리끝까지 화가 치밀었을 것이다. 더 고약했던 것은 저수량이 말끝마다 선제, 선제, 하면서 현임 황제를 황제 취급하지 않은 것이었다. 그래, 나 이치가 부황보다 못해서 황후를 바꿀 자격도 없다는 게 아닌가? 이것조차 못하면 나는 더더욱 부황에 못 미치지 않겠는가?

이치의 이런 심리를 저수량은 그때 알았을까?

몰랐던 게 분명하다. 정반대로 그는 어느 정도 나이 든 사람 티를 내며 황제를 어린아이 취급했다. 물론 저수량의 이런 태도는 꼭 고의는 아니었을 것이다. 아마도 습관이었거나 자기도 모르게 그랬을 것이다.

---

36 이 책에 서술된 저수량과 당고종의 논쟁은 모두 두 『당서』의 「저수량전」과 『당회요』 「충간忠諫」 그리고 『자치통감』 199권 영휘 6년 9월 항목을 참고했다. 네 권의 기록이 다 일치하지는 않으며 이 책도 당시 상황을 더 잘 복원하기 위해 약간의 조정을 가했지만(예컨대 "짐의 착한 아들과 며느리를 오늘 자네에게 맡기겠네"는 원래 첫 번째 비밀회의 때 저수량이 밝힌 말이지만 두 번째 비밀회의 때로 옮겨놓았다) 역사적 사실에는 영향이 없다고 믿는다.

하지만 그게 더 무서웠다. 만약 모든 원로 대신이 그런 행태를 보인다면 황제는 어떻게 대처해야 하는가?

저수량은 실로 멍청하기 짝이 없었다.

그렇다. 이치는 비교적 유순하고 나약하기는 했지만 그렇다고 성질이 없지는 않았다. 실제로 유약한 사람은 간혹 고집불통이 되곤 한다. 마치 강인한 사람이 간혹 아량을 보이는 것처럼 말이다. 하물며 황제가 되면 아무리 못난 사람도 기세등등해지지 않는가. 더군다나 이치는 줄곧 물러 터진 사람 취급을 받았기 때문에 특별히 성질을 부릴 필요도 있었다.

이번에 저수량은 총부리를 마주하게 되었다.

사실 이치와 무미낭의 사통이 공개된 비밀이자 동시에 가장 공개해서는 안 되는 비밀이라는 것은 누구나 아는 사실이었다. 그것은 무측천이 황제가 된 뒤에나 공개적으로 말할 수 있게 되었다. 그때는 아무리 깊숙이 감춰도 모자란 지경이었는데 저수량은 하필 많은 이들 앞에서 그 예민한 일을 들춰낸 것이었다.

상홀을 반납한 것은 더더욱 지혜롭지 못했다. 그것은 황제에게 싸움을 걸고 등을 돌린 것이나 마찬가지였다. 그래, 네가 짐을 황제로 안 여기니 짐도 너를 대신으로 여기지 않겠다! 이치는 눈을 부릅뜨고 소리쳤다.

043　　"여봐라, 이자를 끌어내라!"

동시에 주렴 뒤에서도 날카로운 호통 소리가 들려왔다.

"어서 그 개자식을 죽이지 않고 뭐 하느냐!"[37]

모두 그것이 30세 여성의 목소리임을 알아들었다.

저수량의 감정적인 대응과 전략 부재로 인해 그를 비롯한 원로파는 삽시간에 전열이 흐트러졌다. 이제 문제는 왕황후를 폐하느냐 마느냐, 무소의를 세우느냐 마느냐에서 저수량을 죽이느냐 마느냐로 바뀌었다. 장손무기는 얼른 오랜 친구의 목숨을 구하러 나서야 했다. 다른 것은 돌아볼 겨를이 없었다.

생각해보면 저수량도 노회한 정치가에 속했는데 이때는 그야말로 어리석기 짝이 없었다. 그는 선제라는 뒷배경과 문벌이라는 비장의 무기만 믿고서 고종과 무소의가 순순히 말을 듣고 패배를 인정할 것이라고 생각했다. 그러나 이치가 가장 싫어한 것이 선제를 거론해 자기를 누르려는 것이며 당나라의 황족이 가장 미워한 것은 곧 문벌임을 미처 알지 못했다.[38]

그렇게 나도 모르고 적도 몰랐으니 필패하는 게 당연했다. 애석하게도 이 사람은 죽는 순간까지도 그것을 못 깨달았다. 2년 후, 애주愛州(지금의 베트남 타인호와)에서 유배 중이던 저수량이 고종에게 글을 올렸는데, 글귀마다 원망과 애원이 가득했다.

"과거에 이승건과 위왕이 태자 자리를 놓고 다툴 때 신과 장손무기는 힘껏 폐하를 지지하여 대세를 바꾸었습니다. 선제께서 붕어한 뒤에

---

37   『신당서』「저수량전」과 『자치통감』 199권 영휘 6년 9월 항목
38   정관 연간에 고사렴高士廉 등이 『씨족지』를 지어 산동山東의 최간崔干을 최고 문벌로 꼽은 것을 보고 이세민은 무척 불쾌해했다. 나중에 이치와 무측천은 『성씨록』을 반포하여 문벌 관념에 더 타격을 입혔다.

도 신과 장손무기는 폐하를 도와 선제의 영전에서 즉위하시게 했습니다. 신은 늙었고 폐하의 뜻을 거역한 것을 뉘우치고 있습니다. 청컨대 과거의 일을 살펴 신을 불쌍히 여겨주십시오."[39]

저수량은 감정에 호소하려 했던 것으로 보인다. 그래서 특별히 태종이 세상을 떠날 때 이치가 자기 어깨에 엎드려 통곡했던 일을 거론했다. 하지만 애석하게도 그는 또 헛다리를 짚었다. 황권 체제에서 정치적 인물들, 특히 임금과 신하 사이에는 친분과 우정이라고 할 만한 것이 없었다. 만약 상대가 영웅이었다면 진심으로 감동하고 인재를 아끼는 마음이 들었을지도 모른다. 하지만 이치는 영웅이 아니었다. 이치처럼 선제의 후광에 뒤덮인 인물에게 과거를 들먹이는 것은 그의 바닥을 들춰 수치심과 분노를 유발하는 것과 마찬가지였다. 그래서 그 편지는 장안에 도착한 뒤로 어떻게 됐는지 끝내 아무 소식이 없었다.

전해오는 말에 따르면 이치는 심지어 편지를 거들떠보지도 않았다고 한다.

현경顯慶 3년(658), 저수량은 유배지에서 쓸쓸하게 죽었다. 향년 63세였다. 그때는 무소의가 황후가 된 지 벌써 3년이 지난 뒤였다. 모든 원로 중신들이 다 저수량 같지는 않았고 관료 집단도 아주 고지식하지만은 않았기 때문이다.

045

---

[39] 『신당서』 「저수량전」

불안했던 공신들

후궁 전쟁의 막이 올랐을 때 전선은 분명하게 나뉘었다.

하지만 저울은 처음부터 기울어진 상태였다. 무소의 쪽에는 이의부李義府, 허경종許敬宗류의 새로 발탁한 소인배들과 후궁의 보잘것없는 하인들이 다였다. 고종이 그녀 편이기는 했지만 연약하고 힘이 없어 끊임없이 흔들렸다. 반면에 왕황후 쪽은 진용이 막강했다. 입장이 확고한 사람들로 적어도 태위太尉 장손무기, 상서성 차관인 우복야右僕射 저수량, 중서성 장관인 중서령中書令 내제來濟, 문하성 장관인 시중侍中 한원韓瑗이 있었다. 이들만으로도 국무위원의 절반이 넘었다.

단 한 사람만 태도가 애매했는데 그는 바로 이적李勣이었다.[40]

사실 이치가 조회를 마치고 비밀리에 황후 교체 문제를 논의할 때 그 자리에 부른 재상은 4명이었다. 장손무기와 저수량 그리고 사공司空 이적과 상서성의 좌복야 우지녕于志寧이었다. 하지만 이적은 병가를 냈

---

40 『구당서』「이적전」에 따르면 이적의 본명은 서세적이었다. 무덕武德 2년, 당고조 이연이 그에게 이씨 성을 하사했다. 그리고 당고종 영휘 연간에 죽은 이세민과 이름이 겹치는 것을 피하기 위해 이적으로 개명했다.

다. 아침에도 멀쩡했고 저녁에도 멀쩡했는데 하필 그때 병이 나다니 뭔가 수상쩍었다.[41]

이적은 확실히 마음의 병이 있기는 했다.

관등 정1품의 사공이었던 이적은 당나라의 개국 공신으로서 과거에 와강장군瓦崗將軍 이밀李密의 부하였고 본명이 서세적徐世勣('勣'은 '績'의 이체자다)이었다. 와강 부대가 전투에서 패한 뒤, 대규모 토지와 병력이 그의 수중에 들어간 적이 있었다. 하지만 그는 그것으로 자립을 하지도, 그것을 자기 재산으로 여기지도 않고 고스란히 이밀에게 돌려주어 당나라에 헌납하게 했다. 이에 당고조 이연은 크게 감동하여 그를 영국공英國公으로 봉하고 이씨 성을 하사하는 한편, 중요한 임무를 맡기며 혈육처럼 여겼다.

태종도 이적과 형제처럼 허물없이 지냈다. 정관 17년(643) 4월, 진왕 이치가 태자로 세워졌을 때 이적은 괴질을 앓았다. 태종은 수염 재가 치료에 효과가 있다는 얘기를 듣고 선뜻 자기 수염을 잘라 이적에게 보냈다. 이에 이적이 감지덕지해 궁에 들어가 감사 인사를 하자 태종은 말했다.

"짐이 그런 것은 역시 이 나라 사직을 위해서였네. 내 아들을 자네에게 맡기겠네. 옛날에 이밀을 저버리지 않은 것처럼 나도 저버릴 리 없겠지."

047　　이적은 감동하여 그 자리에서 손가락을 깨물어 피를 보였다.[42]

41　이 일은 두 『당서』의 기록과 견해가 다르다. 여기서는 『자치통감』 199권 영휘 6년 9월 항목을 참고했다.

42　이 일은 두 『당서』「이적전」에 모두 기술되어 있지만 견해가 약간 달라서 『자치통감』 197권의 서술을 채용했다.

그런데 정관 23년(649) 5월 15일, 그러니까 태종이 죽기 11일 전에 이적은 갑자기 전근 명령을 받아, 정2품의 특진特進 관등과 '동중서문하삼품同中書門下三品'의 직함이 딸린 재상 직무를 부여받고서 첩주疊州(지금의 간쑤성 데부迭部) 도독으로 가게 됐다. 그곳은 장안에서 1300여 리나 떨어져 있고 그야말로 첩첩산중이어서 이름도 첩주였다.[43]

전근 명령이 조금 이상하기는 했지만 이적은 관망하거나 주저할 여유가 없었다. 집에도 안 들르고 즉시 부임 길에 올랐다. 그리고 한 달여 뒤, 그는 또 갑자기 장안으로 돌아오라는 인사 명령을 받았다. 이번에는 종1품 개부의동삼사開府儀同三司에 임명되었으며 국무위원도 계속 맡게 되었다.

그날은 정관 23년 6월 20일이었다. 그런데 그전에 그는 이미 낙주자사洛州刺史 겸 낙양궁유수洛陽宮留守로 임무가 바뀐 상태였다. 시점은 6월 1일 이후였다. 다시 말해 이적은 처음부터 첩주에 도착할 가능성이 없었다. 그는 장안을 떠나 한바탕 여행을 하고 돌아와서 본래의 관직을 되찾고 관등은 반 등급 올라간 셈이었다. 그것은 정말 이상한 일이었다. 이에 우리는 묻지 않을 수 없다. 그 한 달 남짓한 기간에 무슨 일이 일어난 걸까?[44]

태종이 붕어하고 고종이 즉위했다.

사실 이적의 거취를 혼란스럽게 만든 것은 태종의 계책이었다. 그는 정과 의리를 중시하는 이적의 성격을 잘 알고 있었다. 그래서 4월에 중

---

43 『자치통감』 199권 정관 23년 5월 항목과 호삼성胡三省 주 참고.
44 이 일련의 사건이 구체적으로 언제 일어났는지는 레이자지,『무측천전』참고.

문관	품위	무관
개부의동삼사	종1품	표기대장군驃騎大將軍
특진 광록대부光祿大夫	정2품 종2품	보국輔國대장군 진군鎭軍대장군
금자金紫광록대부 은청銀靑광록대부	정3품 종3품	관군冠軍대장군 운휘雲麾장군
정의正議대부, 통의通儀대부 태중大中대부, 중中대부	정4품 상, 하 종4품 상, 하	충무忠武장군, 장무壯武장군 선위宣威장군, 명위明威장군
중산中散대부, 조의朝議대부 조청朝請대부, 조산朝散대부	정5품 상, 하 종5품 상, 하	정원定遠장군, 영원寧遠장군 유기遊騎장군, 유격遊擊장군
조의랑朝議郎, 승의랑承議郎 봉의랑奉議郎, 통직랑通直郎	정6품 상, 하 종6품 상, 하	소무교위昭武校尉, 부위副尉 진위振威교위, 부위
조청랑朝請郎, 선덕랑宣德郎 조산랑朝散郎, 선의랑宣義郎	정7품 상, 하 종7품 상, 하	치과致果교위, 부위 익휘翊麾교위, 부위
급사랑給事郎, 정사랑征事郎 승봉랑承奉郎, 승무랑承務郎	정8품 상, 하 종8품 상, 하	선절宣節교위, 부위 어모御侮교위, 부위
유림랑儒林郎, 봉사랑奉仕郎 문림랑文林郎, 장사랑將仕郎	정9품 상, 하 종9품 상, 하	인용仁勇교위, 부위 배융陪戎교위, 부위

당나라 산관散官의 관등(정관 11년). 특진과 개부의동삼사는 모두 산관에 속한다. 산관은 실제 관직과는 달리 훈위勳位의 판정과 포상에 쓰여 '품위品位'를 형성했고 '직위職位'와 상대되었으며 진한, 위진 때 생겨나 유래가 이미 오래되었다. 옌부커閻步克의 「품위와 직위品位與職位」「중국 고대 관등제도 개론中國古代官階制度論」을 참고.

병으로 누워 있을 때 태자 이치를 불러 말했다.

"이적은 재능과 지혜가 뛰어나지만 네 은덕이 부족해서 짐이 죽은 뒤 네게 충성을 바칠지 미지수다. 그래서 짐은 이제 그를 산간벽지로 좌천시킬 것이다. 만약 즉시 떠난다면 너는 그를 발탁해 중용해라. 반대로 관망하고 주저하면 죽여야만 한다!"[45]

충성스러웠던 이적은 하마터면 목이 날아갈 뻔했다.

태종의 그 계책은 의심 많은 군주의 상투적인 수법에 지나지 않았다. 하지만 그로 인해 빚어진 결과는 그 위대한 황제도 미처 예상하지 못했다.

우선 조정의 판도가 변했다.

변화는 미묘했다. 그전까지 이적은 장손무기, 저수량 등과 함께 원로 집단에 속했고 태자위 쟁탈전 중에는 또 진왕파에 속했다. 그런데 종1품 개부의동삼사로 임명되어 부재상급이 되고 또 영휘 4년(653) 2월 다시 사공으로 임명되면서 장손무기에게 맞설 수 있는 위치가 되었다. 사공은 태위와 마찬가지로 관등이 정1품이었기 때문이다. 그래서 이적이 만약 장손무기 등과 더는 한마음 한뜻이 아니라면 무소의가 파고들 틈이 더 커졌다.[46]

실제로 이적의 마음은 이미 변한 상태였다. 태종의 속내를 간파하고 신속히 장안을 떠났던 그때 이후로 그의 마음은 영하로 차가워졌다. 그래, 너희가 불인不仁하니 내가 불의不義하다고 탓하지 마라. 사직은 나

---

45 이 일은 두 『당서』 「이적전」에 모두 기술돼 있지만 『자치통감』 199권 정관 23년 5월 항목의 내용이 더 상세하여 『자치통감』을 따랐다.
46 이적이 사공으로 임명된 일은 두 『당서』 「고종기」와 「이적전」 참고.

와 무관하며 최대한 시비를 멀리하는 게 목숨을 보전하는 길이다. 이 적은 이제 당 왕조를 위해 위험을 무릅쓰고 싶지 않았고 장손무기와 저수량처럼 횡포한 자들과 어울리고 싶지도 않았다. 그래서 비밀회의에서 황후를 폐하고 새로 세우는 문제를 논하리라는 것을 눈치채자마자 아주 공교롭게도 병이 난 것이었다.

그 결과, 무소의의 운명도 변했다.

무소의는 하마터면 황후가 못 될 뻔했다. 이치의 어전회의가 떨떠름하게 끝난 뒤, 회의에 참석하지 못한 두 재상, 즉 중서령 내제와 시중 한원도 황제와의 면담과 상소를 통해 적극적으로 의견을 표명했기 때문이다. 그들은 당연히 왕황후를 폐하고 무소의를 세우는 것에 반대했다. 게다가 입장이 확고하고 말투도 격렬했다. 그야말로 이치에게 역사 교육을 시키듯이 은주왕股紂王부터 한성제韓成帝까지 예를 들어가며 주장을 펼치기도 했다.[47]

그것은 예삿일이 아니었다. 이 시리즈 『수당의 정국』에서 설명했듯이 당나라는 삼성육부三省六部 제도를 실행했다. 상서성의 장관인 상서령은 일찍이 이세민이 맡았던 까닭에 오랫동안 공석이었지만, 문하성의 장관인 시중과 중서성의 장관인 중서령은 당연히 재상으로서 정사당政事堂 회의에 참석하는 국무위원이었다. 상서성의 차관인 좌·우복야도 마찬가지였다.

그래서 중서령 내제와 시중 한원이 태위 장손무기와 상서성 우복야

---

47 두 『당서』 「한원전」 「내제전」과 『자치통감』 199권 영휘 6년 9월 항목에 나와 있다. 그러나 『구당서』는 내제가 무소의를 비로 봉하는 것에 반대한 것만 기록하고 황후로 세우는 것에 반대한 것은 기록하지 않았다. 그래서 『신당서』와 『자치통감』의 내용을 따랐다.

저수량의 편에 선 것은 거의 재상 그룹 전체가 한 덩어리가 되고 삼성三省도 일치단결하여 새 황후를 세우는 일에 반대한 것이나 다름없었다. 이렇게 강력한 반대 세력 앞에서 고종은 겁을 먹을 수밖에 없었으며 심지어 그만 포기할 생각까지 했다.

그렇다. 만약 이적이 없었다면 그랬을 것이다.

무소의가 황제를 시켜 이적을 만나게 했다는 증거는 없다. 하지만 후각이 예민한 그녀가 이적의 병이 수상쩍다는 것을 간파하지 못했을 리는 없다. 그리고 영국공이라는 고귀한 지위의 소유자였던 것을 감안하면 이적의 태도는 장차 결정적인 한 표가 될 가능성이 컸다. 결국 황제는 체면을 무릅쓰고 이적을 불러 자신의 고민을 털어놓았다.

"짐은 무소의를 황후로 세우고 싶네. 그런데 고명대신顧命大臣(임금의 유언으로 나라의 뒷일을 부탁받은 대신)들이 다 반대하니 여기서 포기해야 하는가?"**48**

이에 이적은 이렇게 답했다.

"그것은 폐하의 가정사인데 왜 굳이 외인에게 물으십니까?"**49**

평범한 한마디였지만 단번에 혼란한 국면을 깔끔하게 정리해줬다. 그래, 짐의 가정사를 왜 피곤하게 국무위원과 삼성육부에 물어야 하지? 동시에 이적의 그 태도 아닌 태도는 이런 메시지를 넌지시 전하기도 했다.

"모든 원로 중신이 일방적으로 반대하는 것은 아니니, 폐하가 독단적

---

48 이 일에 관해서는 의견이 여러 가지로 갈린다. 『구당서』 「저수량전」은 누가 누구를 만나러 갔는지 밝히지 않았고 『신당서』 「이적전」은 고종이 몰래 이적을 방문했다고 했으며 『자치통감』은 이적이 고종을 만나러 갔다고 했다. 그리고 『당회요』는 이적이 비밀리에 글을 올렸다고 했다. 『신당서』의 서술이 더 합리적이어서 『신당서』를 따랐다.

49 『구당서』 「저수량전」과 『신당서』 「이적전」, 『자치통감』 199권 영휘 6년 9월 항목 참고.

으로 밀어붙이셔도 무방합니다."

이에 무소의는 기사회생했다.

그런데 그녀는 역시 남달랐다. 이치가 조칙을 공포해 그녀를 새 황후로 세운 지 사흘째인 영휘 6년(655) 10월 21일, 그녀는 한원과 내제에게 상을 줄 것을 건의했다. 그녀의 견해는 이랬다.

"군주의 뜻을 거스르는 것은 위험이 크고 쉽지 않습니다. 충성스럽고 나라의 이익을 생각하지 않는다면 어찌 그것이 가능하며, 그러니 또 어찌 상을 주지 않을 수 있겠습니까?"[50]

이 말은 듣기에는 좋았지만 한원과 내제는 온몸에 식은땀이 났다. 이 논리에 따르면 가장 상을 받을 만한 사람은 마땅히 저수량인데 어째서 그의 몫은 없단 말인가? 따라서 이것은 고양이가 쥐 생각을 해주는 격으로, 이미 반대파는 무장해제가 되었음을 의미했다. 한원은 여전히 환상을 품고 자신의 양보로 저수량의 처지를 개선할 수 있기를 바랐지만 그것은 불가능한 일이었다.[51]

내제와 한원의 불길한 느낌은 맞아떨어졌다. 정적情敵이든 정적政敵이든 무황후가 원수를 가만 놔둘 리 없었다. 실제로 얼마 지나지 않아 왕황후와 소숙비는 비명횡사했다. 2년 후 한원과 내제가 유배를 당했다. 4년 뒤에는 장손무기가 죽임을 당했는데, 그 수법은 유방과 조조도 썼던 것으로 모반죄를 뒤집어씌웠다.

053   한원도 그 사건에 연루됐지만 그때는 이미 죽은 뒤였기 때문에 무황

---

50 두 『당서』 「내제전」과 『자치통감』 200권 영휘 6년 10월 항목 참고.

51 무측천이 황후가 되고 그 이듬해에 한원은 상소를 올려 저수량의 억울함을 호소했으나 고종에게 묵살을 당했다. 두 『당서』 「한원전」 참고.

후는 그의 목까지 치지는 못했다. 내제의 최후는 조금 나았다. 그는 돌궐과의 전쟁에서 나라를 위해 목숨을 바쳐, 무황후에게 모반죄를 뒤집어씌울 기회를 주지 않았다.[52]

물론 새 황후는 그때 그런 것은 신경 쓰지도 않았다. 마침 황후 책봉식 준비에 바빴기 때문이다.

11월 1일, 제국은 성대한 책봉 의식을 거행했다. 영국공 이적이 황후의 도장과 인끈을 공손히 무소의에게 건넸고 그다음에 새 황후는 숙의문肅儀門으로 가서 문무백관과 이민족 군주 네 명의 축하를 받았다. 황후를 알현하는 그런 의식은 그녀가 새롭게 생각해내 처음 선례를 만든 것이었다. 목재상의 평범한 딸이었던 무미낭은 늙은 황제의 첩이었다가 감업사의 외로운 비구니와 고종의 총애를 얻은 정부를 거쳐 마침내 일거에 당 왕조의 국모로 올라섰다.[53]

그해에 그녀는 31세였다.

여인으로서 무측천은 이미 정상에 올라섰다. 정력이 왕성하고 재주가 남다른 데다 무료함을 못 견뎠던 그녀는 이제 부득이 남자의 일에도 나서게 되었다.

그러면 그녀의 남자는 그것에 찬성했을까?

52 두 『당서』 「한원전」과 「내제전」
53 『구당서』 「고종기상」, 『신당서』 「측천무황후전」, 『자치통감』 200권 영휘 6년 11월 항목 참고. 『신당서』 「측천무황후전」에 따로 "이때부터 황후를 배알하기 시작했다朝皇后自此始"라는 기록이 있다.

권력 투쟁

이치는 자기가 마치 살이 뒤룩뒤룩 찐 양 같고 황제가 되어 늑대 무리 안에 던져진 것이나 다름
없음을 깨달았다. 그런데도 요행히 아직 살아남은 것은 늑대들이 저마다 이 한 마리뿐인 양에
눈독 들이고 있었고 또 가끔 이 양을 앞세워 정체를 숨길 필요가 있었기 때문이다.

황제의 고민

무측천이 남자의 일을 하게 만든 사람은 바로 그녀의 남자 이치였다.

이치는 전반적으로 선량한 사람이었다. 하지만 성격이 내향적이고 강단이 부족해 부황이 늘 걱정하게 만들었다. 이치가 태자로 세워진 지 1년이 지난 정관 18년(664) 4월, 태종은 양의전兩儀殿에서 아들을 앞에 두고 신하들에게 물었다.

"태자의 품행을 백성은 다 아는가?"

장손무기가 답했다.

"태자 전하가 바깥출입을 안 하셔도 천하에 그 성덕聖德을 모르는 자가 없습니다."

세상에 아버지만큼 자기 자식을 잘 아는 사람은 없다. 황제가 길게 탄식을 하며 말했다.

"그런가? 속담에 자식을 낳으면 늑대처럼 되기를 바라고 양처럼 될까 두려워한다는 말이 있는데, 치는 어릴 때부터 착했네!"

장손무기가 또 말했다.

"폐하는 용맹하여 창업의 군주셨고 태자는 인자하여 수성守成의 덕이 있습니다. 폐하와 태자는 성격은 달라도 각자 맡은 역할이 있는 것이지요. 이는 하늘이 우리 당나라를 보우하는 것이자, 천하 백성의 복입니다!"

태종은 침묵을 지켰다.[1]

표면적으로 볼 때 장손무기의 말은 틀리지 않았다. 확실히 무력으로는 천하를 얻을 수는 있으나 다스리지는 못한다. 개국의 군주는 호랑이여야 하지만 수성의 군주는 양이어도, 심지어 토끼여도 상관없다. 다만 장손무기는 양이라고 풀만 먹지는 않는다는 것을 계산하지 못했다. 황제가 되면 사람도 먹어야 한다. 황권은 초식 동물이 육식을 하게 만든다.

하지만 그것은 이세민이 걱정하던 바가 아니었다.

태종은 이치가 도를 갖춘 성군이 되기를 바랐다. 그래서 그를 곁에 두고 틈만 나면 교육했다. 밥을 먹을 때는 농사의 어려움을 얘기했고, 말을 탈 때는 일과 휴식의 병행을 얘기했고, 배를 탈 때는 민심이 국가라는 배를 띄울 수도 뒤집을 수도 있음을 얘기했고, 나무 그늘에서 쉴 때도 나무는 먹줄을 대야 곧고 임금은 의견을 잘 들어야 현명하다고 간곡히 타일렀다.[2]

---

1 『자치통감』 197권 정관 18년 4월
2 『정관정요』 4권과 『자치통감』 197권의 정관 17년 윤6월

태종의 그런 꼼꼼한 교육에 대해 거의 모든 역사가가 갈채를 보냈다. 하지만 애석하게도 그들은 모두 잘못 짚었다. 태종의 지나친 기대는 태자의 마음속에 짙은 그림자를 남겼다. 그는 자기가 무능하다고 느꼈으며 결국 미성숙한 어른이 되었다. 남자가 미성숙하면 여자에게, 특히 연상의 성숙한 여자에게 의존하곤 한다. 이 때문에 무미낭에게 기회가 생긴 것이다.

태종은 자식을 잘못 가르쳤다.

사실 이치는 즉위한 뒤 제법 나무랄 데 없이 황제 노릇을 하기는 했다. 그의 숙부이자 유명한 등왕각滕王閣을 지은 등왕 이원영李元嬰과, 동생인 장왕蔣王 이운李惲은 백성의 재산을 수탈해서 악명이 자자했고 누차 경고를 받았지만 뉘우치려 하지 않았다. 그래서 여러 왕에게 상을 하사할 때 이치는 말했다.

"등 숙부와 장 동생은 내가 봤으니 됐다. 두 사람에게 노끈 두 수레를 내주고 집에 가져가 동전이나 꿰라고 해라!"[3]

확실히 이치는 멍청하지도, 어리석지도 않았다.

하지만 그의 마음은 매우 무거웠다.

사실 이치는 즉위하자마자 세 가지 난제와 맞닥뜨렸다. 선제의 그늘에서 벗어나는 것과 권신의 통제를 뿌리치는 것 그리고 또 어떻게 성격상의 약점을 극복하느냐는 것이었다. 이 세 가지 문제를 그는 분명 오랫동안 고민했지만 안타깝게도 좀처럼 해법이 떠오르지 않았다.

059

---

3 『신당서』「등왕원영전」

일반인이 봤을 때 이치가 이세민에게 자리를 넘겨받은 것은 행운이었다. '정관의 치'는 빛나는 성취를 이룩하여 군주는 인자하고 신하는 충성스러웠으며 백성은 풍요롭고 나라는 강력했다. 당태종이라는 그 희대의 명군이 거의 모든 것을 잘 설계하고 안배해놓아서 새 황제는 그야말로 앉아서 그 성과를 누리기만 하면 될 것 같았다.

그러나 창업도 어렵지만 수성은 더 어려웠다. 이치의 고민은 오직 이치 자신만 알았다. 잘하면 선제의 덕이고 못하면 자기의 무능 때문이다. 선제가 너무나 성공해서 뒷사람은 뭘 어떻게 해도 그 후광에서 벗어날 수 없었다.

권신도 골칫거리였다. 이치가 아무리 멍청해도 그 늙은이들이 대접해주기 까다로운 존재라는 것쯤은 알 수 있었다. 그들은 오랜 세월 선제를 뒤따르며 엄청난 공을 세웠고 모략에도 능했다. 말로는 황제를 보좌한다고 하지만 속으로 무슨 생각을 할지 누가 알겠는가? 반역할 뜻은 없더라도 항상 황제를 어린아이 취급하는 데다 권력으로 사익을 추구하여 공공연히 부패를 저질렀다.

특히 한 사건이 이치에게 깊은 인상을 남겼다.

그때는 영휘 2년(651) 윤9월이었고 즉위한 지 1년 남짓이 된 고종은 어전회의에서 재상들에게 물었다.

"관련 부서가 각종 안건을 처리할 때 인정과 안면을 많이 봐준다 들었는데, 정말로 그런 일이 있는지 없는지 잘 모르겠군."

장손무기가 답했다.

"인정과 안면을 봐주는 게 어느 왕조엔들 없겠습니까? 그래서 전혀 없다고는 감히 단정하지 못하겠습니다. 하지만 본 조정은 황은皇恩이 하해와 같아서 관료들이 극기봉공克己奉公하여 알아서 청렴을 지키고 있습니다. 인정에 얽매이는 일은 간혹 있어도 법을 어길 리는 없습니다. 아주 약간의 성의를 취하는 것쯤은 아마 폐하도 속됨을 면하지는 못하실 텐데 저희 신하들은 오죽하겠습니까!"[4]

황제는 경악했다. 재상도 이런 말을 하니 어떻게 부패를 막을 수 있겠는가?

사실 24세의 황제는 선제의 처남인 장손무기야말로 부패에 앞장서는 원흉이라는 것을 알고 있었다. 그래서 2~3년 뒤, 무소의가 황후가 되는 것을 도와달라고 부탁하는 목적으로 그들 부부도 장손무기에게 뇌물을 주었다.

그 뇌물은 규모가 컸다. 우선 황제와 무소의는 재상부에 가서 장손무기의 집안 잔치에 참석해 그의 애첩 소생 세 명에게 줄줄이 작위를 주었고 그다음에는 금은보화와 비단 열 수레를 하사했다. 이것이 어떻게 아주 약간의 성의를 취하는 것이란 말인가? 더 가증스러운 것은 장손무기가 돈만 받고 아무 일도 안 한 것이었다. 심지어 저수량이 중간에 훼방을 놓도록 충동질하고 묵인하기까지 했다. 세상에 이렇게 횡포하고 속이 시커먼 자가 또 있을까?[5]

061

---

4 『구당서』「장손무기전」과 『자치통감』 199권 영휘 2년 윤9월
5 『구당서』「장손무기전」은 고종과 무소의가 장손무기의 관저에 친히 갔던 일을 싣지 않았고 『신당서』「장손무기전」은 이 일이 선물을 준 뒤에 일어난 것으로 보았다.

이치는 진작에 자기가 실권이 없다는 것을 깨닫기도 했다. 장손무기에게 뇌물을 준 그해 7월, 그는 조정에서 신하들에게 이런 질문을 했다.

"선제가 살아계셨을 때 짐은 5품 이상의 신하들이 적극적으로 정무를 논의하거나 민의를 반영하거나 또 공문을 처리하면서 온종일 분주한 것을 보곤 했소. 그런데 설마 오늘날에 와서 논의할 국가 대사가 다 사라진 거요? 어째서 그대들은 한마디도 하지 않소?"[6]

그래도 입을 여는 사람이 없었다.

이미 조정 전체가 장손무기 부류의 것이 돼버린 게 확실했다. 장손무기는 딴소리가 나오는 것을 원치 않았다. 혹시 누가 무슨 소리를 하더라도 그것은 원로파와 권신이 원하는 말이었다. 왕황후를 폐하고 무소의를 세우는 것을 반대한다거나, 혹은 이 사람 저 사람을 죽이자는 것이었다.

이치는 겉만 번지르르한 장식품이 되고 말았다.

이런 황제 노릇이 재미있을 리가 없었다.

보기에 원로와 권신들이 너무 강력해서 고종은 사실상 대권을 빼앗겼고 또 불가피하게 살육전이 벌어질 듯했다. 지금 이치는 살찐 양이었고 장손무기는 우두머리 늑대였다. 그 늑대를 보기만 해도 이치는 가슴이 철렁하고 혀가 굳었다. 거듭 참는 것 말고는 아무것도 할 수 없었다.

이것이 바로 이치의 고민이었다. 그는 이런 고민을 들어줄 사람이 필요했으며 곤경에서 빠져나올 수 있게 도와줄 사람도 필요했다. 그는 성격상의 약점을 극복할 수 없었기 때문이다. 하지만 누구와 상의하고 누구에게 힘을 써주기를 부탁한단 말인가? 후비들은 질투와 싸움밖에 몰랐으며 신하들은 저마다 꿍꿍이속이 있었다. 젊은 황제는 외로움을 느꼈다.

다행히 하늘이 무미낭을 보내주셨다.

지금와서 당시 두 사람이 사랑을 나눈 정황을 추적하기는 쉽지 않다. 아마도 무미낭은 투기의 심리가 없지 않았을 것이고 이치는 성적 충동에 사로잡혔을 가능성이 크다. 실제로 소의로 있었던 그 4년간, 무미낭은 마침 성욕이 가장 왕성하고 기교도 능숙할 나이였다. 그녀는 아예 머리를 쓸 필요도 없이 이치를 자신의 포로로 만들었을 것이다.[7]

이치는 곧 그 여자에게서 어떤 특수한 기질과 매력을 발견했고 그것은 바로 자기가 아무리 가지려 해도 가질 수 없는 것이었다. 그녀는 침착하고 냉정하며 생각이 깊으면서도 기민하고 과단성이 있는 데다 에너지가 넘쳤다. 자기처럼 다정다감하고 연약하지도, 우유부단하고 겁이 많지도 않았다. 서로 비교해보면 무소의가 더 남편 같았다.

황제는 몹시 기뻤다. 이러면 상호보완이 되지 않겠는가? 사실 이치처럼 수줍음 많고 내향적인 미성숙한 남자는 오이디푸스 콤플렉스를 갖고 있다. 마치 남성적 기질이 농후한 남자가 좋아하는 여인은 보통 절반이 누이동생 같고 절반이 딸 같은 것과 마찬가지다. 하물며 그보

---

7 린위탕의 『측천무후정전』에서는 용상 위에 있을 때도 무미낭은 머리를 쓰는 시간이 감정적인 시간보다 더 많았을 것이라고 서술했다. 사실 머리를 쓸 필요도 없이 본능만으로 충분하다.

다 세 살 더 많은 무소의는 장손 황후의 모성애도 가졌고 태종의 위엄도 갖춰서 그야말로 그의 부황과 모후의 재생이나 다름없었다.

어쨌든 무미낭은 항구처럼 안온하고 안전해서 조각배 같은 이치가 정박하기에 알맞았다. 이에 이치는 이 여인과 함께 자신이 직면한 세 가지 난제를 해결하기로 결심했다. 이것이야말로 그가 아무것도 돌아보지 않고 무소의를 황후로 세우려 한 이유다. 그러니 장손무기 등은 절대로 이해할 수 없었다. 그들의 상상력은 한계가 있어서 호색이나 공처恐妻의 테두리를 벗어나지 못했고 젊은 황제의 마음속에 그토록 많은 고민과 콤플렉스가 있는 줄은 더더욱 생각지 못했다.

무소의에게는 역시 다행스러운 일이었다. 만약 그녀에게 요구하는 것이 선제처럼 그저 요염하고 남자의 기분이나 잘 맞추는 것이었다면 그녀는 여주인공이 못 됐을 것이고 따라서 아무 활약도 못했을 것이다. 그녀가 태종 곁에서 꼬박 11년을 지내고도 아무 신분의 변화가 없었던 것이 그 증거다.

황제의 마음은 무거웠고 황후의 마음은 예측불허였다.

한바탕 좋은 구경거리가 곧 시작될 참이었다.

소인도 쓸모가 있다

이치는 무미낭에게 희망을 걸었고 그것은 그녀 자신이 원한 것이기도 했다.

이 여인의 정치적 흥미가 어디에서 비롯되었는지는 이미 밝혀낼 방법이 없다. 하지만 그녀가 정치에 천부적인 재능과 촉각이 있었다는 것은 의심의 여지가 없다. 게다가 직관력까지 있어서 처음부터 침착하고 능숙하게 일을 처리하기 시작했다.

한원과 내제에 대한 포상을 건의한 것을 예로 들어보자.

겉으로 보면 그 일은 매우 이상했다. 저수량은 어전회의에서 고종이 물은 다음에야 자신의 의견을 밝혔다. 반면에 한원과 내제는 자신들과 무관한 듯이 외면해도 됐는데 굳이 나서서 반대를 표명했으니 훨씬 더 괘씸해야 옳았다.

065 하지만 이미 조정 사무를 훤히 파악한 무소의는 수당 양대에 실행

삼성육부제

삼성육부제는 당나라 초에 창설되어 몇 개 왕조를 거치며 국가 운행의 핵심 기구가 되었다. 표는 이 시리즈 13권『수당의 정국』을 근거로 삼았다.

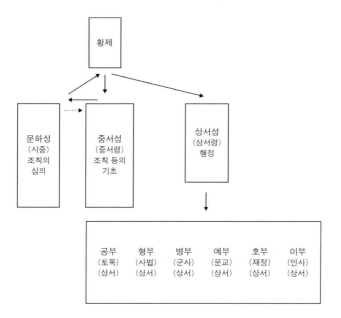

된 삼성육부제에 따라 황제의 모든 명령은 절차에 의해 중서성에서 기초하고 문하성은 그것을 심의할 뿐만 아니라 황제의 임명을 기각해 돌려보낼 권한까지 가졌음을 알고 있었다. 한원과 내제는 마침 그 두 부서의 장관이었다. 이들이 어깃장을 놓으면 새 황후를 봉한 것도 천하에 공표할 수 없었다.

더군다나 제도에 따르면 이들도 재상에 해당했다.

적어도 한동안은 이 두 사람을 건드리지 않는 게 확실히 나았다. 정 반대로 무소의는 이들에게 상을 주자고 건의하면서 자신의 넓은 도량을 과시했고 다른 한편으로는 반대파 그룹의 와해와 분화를 꾀했다. 나아가 중서성과 문하성이 향후 법적 절차에서 적극적으로 협력하도록 보장까지 해주었으니 그야말로 일석삼조였다.

무황후는 정말 정치를 잘 알았다.

정치란 무엇일까? 제국의 시대에는 인사이고, 파벌이고, 권력의 수수授受이고, 이익의 분배와 재분배였다. 그래서 그녀가 한원과 내제에 대한 포상을 건의한 것은 적의 주의를 돌리는 계책이었을 뿐, 자신의 진영을 만드는 것이야말로 근본적인 대책이었다. 더욱이 그 진영의 인선은 그리 어렵지 않았다. 이의부와 허경종이 그 예였다.

이의부는 내제처럼 고종이 태자가 될 때 지지에 나선 태자당으로서 내제와 함께 글을 잘 쓰기로 유명했다. 그러나 내제는 충직했던 반면, 이의부는 아첨에 능하고 음험해서 "웃음 속에 칼을 숨기고 있다笑裏藏刀"는 소리를 들었으며 별명도 이묘李猫, 즉 고양이였다.[8]

고양이는 생선을 훔쳐 먹는데 이의부도 마찬가지였다. 왕황후를 폐하고 무소의를 새 황후로 세우는 일이 한창 현안으로 거론될 때, 장손무기는 무슨 약점을 잡아 그를 조종할지 마땅치 않아서 외지로 좌천시키려 했다. 이의부는 당황하여 동료인 왕덕검王德儉에게 대책을 물었다.

8 두 『당서』 「이의부전」

왕덕검이 그에게 말했다.

"지금 자네를 구해줄 수 있는 사람은 한 사람뿐일세."

"그게 누구인가?"

"무소의지."

이의부는 고개를 저었다.

"황상이 소의를 황후로 세우려 했지만 여태 성과가 없네. 무소의는 자기 일도 해결하지 못하는데 남의 일까지 관여를 하겠나?"

왕덕검이 웃으며 말했다.

"무소의가 뜻을 못 이루고 있는 것은 처지가 고립무원이기 때문이라네. 만약 이럴 때 자네가 도움을 준다면 틀림없이 한숨을 돌릴 수 있을 거야. 잊지 말게. 소의의 일은 황상의 일이라는 것을. 자네가 황상의 이일을 도와 이뤄지게 하면 장손무기가 두렵겠는가?"

이의부는 정신이 번쩍 들었고 왕덕검 대신 궁에 들어가 당직을 섰다. 그리고 그날 밤 황제에게 왕황후를 퇴출하고 무소의를 새 황후로 세울 것을 간청했다. 이것은 곤경에 처해 있던 이치와 무미낭에게는 먹구름을 뚫고 해가 비친 것과 맞먹었으므로 이의부는 출셋길이 활짝 열렸다. 그는 중서성 차관인 중서시랑에 임명됨으로써 정사당 회의에 참여할 수 있는 국무위원의 신분이 되었다.[9]

모든 일은 처음이 어려운 법인데, 이의부의 사례가 시사하는 바는 대단히 의미심장했다. 우선, 황제와 무소의는 조정의 신하들이 결코 한

쪽으로만 쏠려 있지는 않으며 후한 대가를 약속하면 반드시 용감한 자가 나온다는 것을 깨달았다. 그래서 자신감이 생겼고 이적에게 자문을 구할 수도 있었다. 그다음으로, 일부 대신들은 사태의 본질을 꿰뚫어 보고 멀리서 방관만 하고 있었다. 상서성 차관이자 국무위원이었던 우지녕이 그 예였다. 셋째, 이의부를 모범으로 삼아 기회주의적인 중, 고급 관리들이 공개적으로 무소의의 편에 섰고 점차 일정한 세력을 형성해 국면에 영향을 끼치기 시작했다.[10]

그 세력의 대표자가 바로 허경종이었다.

허경종은 사태의 동향을 정확히 파악하고 난 뒤에야 비로소 움직였다. 이적의 그 태도 아닌 태도를 통해 그는 곧 조정이 분열될 것이며 황제와 소의와 사공(이적) 일파야말로 막 떠오르는 해라는 것을 알았다. 그래서 그는 여기저기에 이적의 견해를 퍼뜨리고 다니며 여론을 선동했다. 그의 의견은 이랬다.

"재상들이 쓸데없는 참견을 하고 있다. 일개 농민조차 쌀 너덧 말만 더 수확하면 아내를 바꾸려 하는데 하물며 존귀한 천자는 어떻겠는가?"[11]

이 말은 저속하기 짝이 없었지만 그 이치는 저속하지 않아서 황제와 무소의의 귀에는 썩 듣기 좋았다. 더구나 허경종은 영향력이 큰 인물이었다. 그 당시 저명한 사학자였고 관직도 예부상서였다. 당나라 제도에 따르면 육부의 상서는 상서성 좌·우복야와 지위가 대등하여 이른바

---

10 그 사람들은 예부상서 허경종, 어사대부 최의현崔義玄, 중서사인中書舍人 왕덕검, 대리정大理 正 후선업侯善業, 대리승大理丞 원공유袁公瑜 등이었다. 이들의 명단은 레이자지, 『무측천전』 참고.
11 『신당서』「허경종전」과 『자치통감』 199권에서는 이 말이 이적의 태도 표명 이후 나온 것에 주목 했다.

팔좌八座라고 불렸으므로 아무도 그를 등한시할 수 없었다.

　그렇게 대단한 인물이니 상을 주지 않을 수 없었고 또 그렇게 입안의 혀처럼 구니 마땅히 등용해야 했다. 무소의가 황후로 봉해지고 그이듬해 3월, 이의부는 중서성 장관이 되었으며 8월에는 허경종이 문하성 장관이 되었다. 이와 동시에 내제는 오늘날의 저장성 타이저우台州로, 한원은 오늘날의 하이난성 싼야三亞로 좌천되었다.12

　그것이 무황후의 생각이었다는 증거는 없지만 분명 그녀가 원한 결과였으며 이치의 바람이기도 했을 것이다. 막 지나간 정치 투쟁에서 장손무기, 저수량, 한원, 내제 등은 그의 간담을 서늘하게 하고 사후에도 두려움을 느끼게 했지만 이의부와 허경종은 기쁨과 위안을 주었다. 마치 고군분투하던 투사가 도움을 주러 달려온 협객을 만난 듯했으며 아득한 땅을 홀로 가던 나그네가 멀리서 모락모락 피어오르는 연기를 목격한 듯했다.

　사람이 가장 소중히 여기는 것은 외로울 때 받은 도움이다. 그 도움이 아무리 보잘것없고 또 아무리 비천한 사람에게 받은 것이라 해도 그렇다. 그때 도움을 받은 사람은 보통 도와준 사람의 동기 따위는 따지지 않는다. 마찬가지로 이치도 그자들이 나라를 사랑하고 임금에게 충성하는지, 아니면 투기와 사기를 일삼는지 신경 쓰지 않았다. 자기편인지, 아니면 황후 편인지도 관심 밖이었다. 당시 그에게 그런 것은 다 문제가 되지 않았다.

하지만 유감스럽게도 이의부와 허경종은 둘 다 소인이었다.

소인은 뜻을 얻으면 방탕해진다. 국무위원이 된 이의부는 낙양의 어떤 여자 죄수가 미녀라는 얘기를 듣자마자 재판관에게 명해 불법으로 그녀를 풀어주고 자기 첩으로 삼았다. 그리고 나중에 그 일이 발각되자 애꿎은 그 재판관을 핍박해 옥중에서 자살하게 했다. 이렇게 법을 무시한 탓에 그는 당연히 탄핵을 당했지만 의외로 고종은 그를 감싸고 용인해주었다.[13]

이의부는 득의양양해서 자신을 탄핵한 시어사侍御史(관등이 종6품이었다)에게 말했다.

"어사 대인은 허풍을 떤 셈이 되었는데 부끄럽지도 않으신가?"

하지만 시어사는 늠름하게 받아쳤다.

"공자는 대법관이 된 지 7일 만에 소정묘少正卯를 죽였는데, 본인은 시어사가 된 지 6일에 백성의 해악을 없애지 못했으니 확실히 부끄럽습니다!"[14]

바른 도는 스스로 사람 마음속에 있어서 불의를 행하면 스스로 망하게 되어 있다. 7년 뒤, 온갖 패악을 저지르던 이의부는 끝내 유배를 선고받았다. 그 내막은 사실 간단했다. 조정에서 장손무기의 손자에게 어떤 관직을 수여하기로 내정했을 때 매관매직이 전문인 이의부가 그 소식을 당사자에게 흘리고 돈 70만을 요구한 것이었다. 그래서 조정이 그에게 낙인찍은 죄명은 뇌물수수죄가 아니라 기밀누설죄였다.[15]

071

---

13 이 사건은 무소의의 황후 책봉 이후, 이의부의 중서령 임명 이전에 일어난 게 분명하다. 그래서 『구당서』「이의부전」은 현경 원년에, 『신당서』「이의부전」은 영휘 6년에 일어난 것으로 보았다. 구체적인 사항은 두 『당서』의 기록이 같지 않다. 그 재판관의 죽음을 예로 들면 『구당서』는 본인이 죄가 두려워 자살했다고 썼고 『신당서』는 이의부가 살인멸구를 했다고 썼다.

14 『구당서』「이의부전」참고. 이의부가 탄핵을 피한 원인과 관련해 『신당서』는 고종의 비호를, 『구당서』는 그 시어사의 부당한 언사를 지목한다.

3년 뒤, 이의부는 오늘날의 쓰촨성 시창西昌에서 숨을 거뒀다. 그 소식이 전해졌을 때 조정과 민간에서는 환호하고 손뼉 치며 축하하지 않은 사람이 없었다고 한다.[16]

반면에 허경종은 천수를 다하고 81세에 편안한 죽음을 맞았으며 사후에는 고종에 의해 종1품 개부의동삼사開府儀同三司로 추증되었다. 확실히 이 사람은 이의부만큼 그렇게 오만방자하지는 않았지만 악랄한 정도는 막상막하였다. 그는 국사관國史館의 일을 주재하면서 직권을 이용해 사익을 도모했다. 뇌물을 주면 죄를 감춰줬고 원한이 있으면 죄를 덧붙였다. 이런 식으로 역사를 날조했는데 어떻게 소인배가 아니었겠는가?[17]

하지만 무황후는 그런 것은 별로 신경 쓰지 않았다. 그녀에게 가장 중요한 것은 자기 편을 모으고 세력을 만드는 것이었다. 그들의 인격이 어떤가는 부차적인 문제였다. 더욱이 이른바 군자라는 작자들은 그녀와 손잡으려 하지 않았으니 소인을 기용하는 것 외에는 방법이 없었다.

그저 정치적 태도에 따라 선을 긋는 것이 다였다.

실제로 소인도 소인만의 쓸모가 있었다. 그들은 눈치를 살펴 윗사람의 뜻을 읽는 데 능했으며 유언비어와 밀고, 아첨과 허풍에도 능했다. 그래서 분규를 일으킬 때는 그들에게 소동을 피우게 했고 사람들의 이목을 가릴 때는 그들에게 태평한 것처럼 꾸미게 했으며 궁정 투쟁에서의 갖가지 비열한 일도 마음 놓고 그들에게 맡겼다.

---

15 두 『당서』 「이의부전」
16 두 『당서』 「이의부전」
17 두 『당서』 「허경종전」

마음 놓는 게 당연했다. 소인은 도덕적 금기가 없어 매수하기 편하고, 개인적 의지가 없어 지휘하기 쉽고, 사회적 기초가 없어 통제하기 어렵지 않고, 게다가 이용 가치가 떨어지면 즉시 헌신짝처럼 버릴 수도 있어서 그야말로 가성비 높은 자원이기 때문이었다.

그래서 역대 제왕들은 모두 군자도 쓰고 소인도 썼다. 전자로는 정의를 신장하고 모범을 세웠으며 후자로는 공포를 조성하고 음모를 실행했다. 군자는 선두에 세우는 양이고 소인은 집 지키는 개여서 어느 쪽도 없으면 곤란했다. 여황 무측천이 집권 후기에 적인걸狄仁傑 같은 군자를 다수 기용한 것이 그 증거다.

그러나 지금은 그럴 수 없었다. 무소의는 강경하게 밀어붙여 황후가 되기는 했지만 사실 기반도 부실했고 사방에 위험이 숨어 있었다. 장손무기의 세력이 건재했고 왕황후와 소숙비도 복권의 꿈을 꾸고 있었다. 음모로 빼앗은 지위는 역시 음모로 유지할 수밖에 없을 듯했다. 심지어 소인의 힘을 빌려 혈로를 뚫어야만 했다.

그렇다. 그녀는 살인을 저질러야 했다.

모살과 모반

가장 먼저 피살된 사람은 왕황후와 소숙비였다.

　두 여인은 당연히 정적에게 해를 당했다. 이들이 폐위된 지 얼마 안 돼서 무소의는 각기 50대씩 곤장을 때린 뒤 사지를 잘라 술 항아리에 처박으라 명했고 죽은 뒤에도 시신을 갈기갈기 찢어발기라 명했다. 이에 대해 사서들은 거의 이구동성으로 서술했고 몇몇 세부 사항을 제외하고는 기록도 상당히 일치한다.[18]

　그러나 이 사건은 좀 미심쩍다.

　문제는 사건이 일어난 연도에 있지 않다. 정확한 날짜가 조금씩 차이가 있고 또 아무래도 무소의가 너무 일찍 손을 쓴 것 같긴 하지만 말이다. 그렇다. 그때 아직 황후 책봉식이 거행되지 않았다면 급선무는 마땅히 절차대로 그 의식을 잘 행하는 것이었다. 반대로 책봉식이 성대히 잘 치러져 새 황후의 지위가 이미 공고해진 때였다면 역사에 문

18　『구당서』 「고종폐후왕씨전」과 『신당서』 「왕황후전」 그리고 『자치통감』 200권 영휘 6년 11월 항목 참고. 이하는 따로 주 없이도 동일.

제가 안 남도록 여유 있게 일 처리를 할 수 있었고 심지어 시간을 두고 그 두 정적을 괴롭힐 수도 있었다. 급할 게 전혀 없었다.[19]

무슨 일이 생긴 게 분명했다.

그 일은 고종 이치에게서 생겼다. 앞에서 이치의 사람됨이 우유부단하고 다정다감했다고 말한 바 있다. 무슨 이유에서인지 어느 날 그는 엉뚱한 생각이 들어 냉궁冷宮(군주의 총애를 잃은 비빈이 거처하던 곳) 쪽으로 천천히 걸음을 옮겼다. 폐위된 황후와 비가 어떻게 지내는지 살펴보고 싶었던 것이다. 그때 후궁은 진작에 무소의의 천하가 되어 있었다. 왕황후와 소숙비는 햇빛도 안 드는 방에 갇혀 있었고 험상궂은 졸개와 주구가 문을 지켰으며 간신히 입에 풀칠할 수 있는 남은 밥과 국을 조그만 구멍을 통해 안으로 들여보냈다.

황제는 애간장이 끊어질 듯 아팠다. 두 사람이 그렇게 개돼지만도 못한 대접을 받고 있는 줄은 꿈에도 몰랐기 때문이다. 그는 울음 섞인 목소리로 말했다.

"짐의 황후와 숙비가 여기 있는가?"

"황송하옵니다!"

왕황후가 자신과 소숙비를 대표하여 답했다.

"신첩은 이미 노비로 떨어졌는데 어찌 감히 과거의 존칭을 쓰겠습니까? 폐하가 옛정을 생각하신다면 이곳의 이름을 회심원回心院으로 바꿔주십시오. 그리고 신첩이 다시 하늘의 해를 볼 수 있으면 폐하의 은

075

---

19 살인 사건의 발생 시점을 『구당서』 「고종폐후왕씨전」은 영휘 6년 10월로, 『자치통감』은 11월로, 『신당서』 「고종기」는 겨울로 기록하였다.

혜로 알겠습니다."

황제는 바로 응낙했다.

"기다리고 계시오. 짐이 알아서 조치하겠소."

왕황후와 소숙비는 조용히 아미타불을 외웠다.

하지만 안타깝게도 이치는 아무것도 할 수 없었다. 그의 말이 떨어지기 무섭게 무소의가 보고를 받았기 때문이다. 후궁 안에는 이미 그녀의 밀정이 가득 깔려 있었다는 것을 상기해야만 한다. 그리고 그때 그녀가 어떻게 대응해야 했는지는 그 일이 언제 일어났는지를 살펴봐야 한다.

정사의 기록과 학자들의 고증에 따르면 관련 사건들의 시간표는 이랬다. 그해 10월 12일, 왕황후와 소숙비가 평민으로 강등되었고 18일에는 문무백관이 새 황후를 세울 것을 주청하여 황제가 무소의를 황후로 세우라고 조칙을 내렸다. 그리고 20일, 새 황후는 한원과 내제에게 상을 주자고 건의했으며 11월 1일에는 황후 책봉식이 거행되었다.[20]

이 안에는 확실히 유력한 시간대가 존재한다.

유력한 시간대는 두 번이 있었는데, 한 번은 10월 12일부터 18일이었고 또 한 번은 10월 18일부터 11월 1일이었다. 뒤의 시간대는 상대적으로 안전했다. 새 황후 책봉의 조칙이 이미 내려졌기 때문이다. 군주는 희언을 하지 않으니 이치가 쉽게 번복할 리는 없었다.

더욱이 그때는 모두가 눈코 뜰 새 없이 바빴다. 황후 책봉식의 각종 **076**

20 레이자지, 『무측천전』

연도	연호	날짜		사건
651	영휘 2년	8월~10월		무미낭이 재입궁해 소의로 봉해짐
652	영휘 3년	7월		이홍 출생
653	영휘 4년	2월		이적이 사공으로 임명됨
654	영휘 5년	연초		어린 공주의 돌연사
		불확실		고종과 무소의가 장손무기에게 뇌물을 줌
		12월		이현 출생
655	영휘 6년	6월		왕황후의 염승 사건 발생
		7월		왕황후의 외숙이 강등
				무소의의 신비宸妃 승급이 미수에 그침
		9월		허경종이 예부상서로 임명됨
				고종이 왕황후를 폐하고 무소의를 새 황후로 봉하겠다고 정식으로 언급함
				저수량이 고종의 생각에 반대함
				한원과 내제도 고종의 생각에 반대함
				이적이 태도를 표명
				허경종이 여론 몰이를 함
		10월	12일	왕황후, 소숙비가 폐위됨
			18일	무소의가 황후가 됨
			20일	새 황후가 한원과 내제에 대한 포상을 건의
		11월 1일		황후 책봉식 거행

무측천의 재입궁부터 황후가 되기까지의 사건 일람표

준비 작업이 몰아치듯 진행되었으며 여러 가지 새로운 계획과 구상은 모두 무황후의 몫이었다. 비록 고종은 별로 거들 일이 없기는 했지만 어쨌든 틈을 봐서 빠져나가 그 두 여인을 살피고 오기는 힘들었다.

그런데 앞의 시간대는 전 황후가 이미 폐위되고 새 황후가 아직 세워지지 않은 무주공산의 위험한 시기이기도 했다. 이때 이치는 적어도 새 황후 자리를 잠시 비워놓고 두 여인의 처우를 개선해줄 수도 있었다. 그래서 『구당서』에서 그녀들이 "처음 간힌初囚" 날에 이치가 방문했다고 기록한 것이 아마도 정확하다고 판단된다.

그 일은 우연이었지만 파장은 중대했다. 무소의는 서둘러 강력한 조치를 취해 화근을 제거해야만 했다.

그러나 학살을 저질렀을 가능성은 크지 않다.

그럴 수가 없어서 못 그러지는 않았을 것이다. 왕황후와 소숙비의 사지를 잘라 술 항아리에 처박게 하고서 이를 부득부득 갈며 "그녀들을 뼛속까지 취하게 만들라"고 지시한 것은 정적들 사이에 나타나는 사생결단의 심리에 부합했고 무미낭의 독한 성격에도 부합했다. 하지만 그녀가 처한 상황에는 부합하지 않았다. 만약 학살을 10월 18일 전에 저질렀다면 그때 그녀는 아직 소의일 뿐이었으므로 황제의 눈치를 살피지 않을 수 없다. 그때가 아니라 그 후에, 즉 한원과 내제에 대한 포상을 건의한 것과 동시에 저질렀다면 두 일의 성격이 너무 대조적이어서 마각이 드러나지 않을까 염려스러웠을 것이다.

무측천의 침착하고 냉정한 성격을 감안하면 그런 어리석은 짓을 저질렀을 리 없다.

게다가 그럴 필요도 없었다. 화려하게 펼쳐진 앞날을 생각하면 그렇게 신경질적으로 화풀이하는 것은 큰 의미가 없었다. 그 목재상의 딸에게는 불필요한 일이 곧 손해보는 장사였다. 적어도 가성비가 매우 떨어졌다. 그래서 왕황후와 소숙비가 무소의가 보낸 사람에 의해 목이 졸려 죽었다는 『구당서』의 기록이 훨씬 더 신빙성이 있다.[21]

그렇다. 그때는 어쩔 수 없이 서둘러 살인해야 하기는 했지만 조용히 처리하는 것이 더 나았다.

남은 이야기는 그냥 흘려 들을 수밖에 없다. 죽음을 앞두고서 왕황후는 진정한 대인의 풍모를 보였고 심지어 황제와 무소의의 앞날을 축복하기까지 했다. 하지만 소숙비는 사정없이 저주를 퍼부었다고 한다.

"원컨대 내세에 나는 고양이로, 무씨 그 계집은 쥐로 태어나길 빈다. 그때는 그년의 목을 물어뜯을 것이다!"

이 때문에 그 후로 궁에서는 고양이를 기르지 않았다고 한다.[22]

하지만 이는 거짓이다. 무측천은 황제가 된 뒤에도 고양이를 길렀고 고양이와 앵무새를 사이좋게 지내도록 훈련시켜 조정까지 데려가 자랑했기 때문이다. 하지만 보기 좋은 광경은 얼마 가지 않았다. 고양이가 앵무새를 냉큼 잡아먹어버려 여황을 몹시 곤란하게 만들었다.[23]

정사도 꼭 믿을 만하지는 않다.

---

21 『구당서』「고종폐후왕씨전」은 "무소의가 사람을 시켜 모두 목 졸라 죽였다"고 해놓고 다른 한편으로 고문을 가해 술 항아리에 넣었다는 식의 이야기를 보충해 그 자체로 모순을 보인다.

22 소숙비가 욕을 한 시점을 『구당서』는 맨 처음 갇혔을 때로, 『신당서』와 『자치통감』은 죽음을 눈앞에 뒀을 때로 기록했다.

23 『자치통감』 205권 장수長壽 원년 8월

그러나 확실한 것은 왕황후와 소숙비가 비명횡사했고 두 사람에 대한 고문까지 황제가 허락했다는 사실이다. 이것은 정말 이해할 수 없는 일이다. 동정심 많고 성실하며 약자를 구하려 했던 그 남자가 이때는 무슨 생각을 하고 있었던 걸까? 그는 자신의 연약하고 무책임한 태도가 두 생명을 끝장내버렸음을 생각하지 못했을까? 만약 아무 일도 없었던 것처럼 태연했다면 그것은 일말의 양심도 없는 행태가 아닌가?[24]

이런 의문점은 그냥 역사에 남겨두기로 하자.

그런데 이 사건에서는 이의부의 흔적을 찾을 수 없다. 허경종만 왕황후가 폐위된 뒤, 우물에 빠진 사람에게 돌을 던지는 격으로 그녀의 아버지가 보유한 정치적 지위를 박탈하자고 제안했다. 이에 무소의는 꾀를 써서 아예 왕황후는 망蟒씨로, 소숙비는 효梟씨로 성을 바꿔버렸다. 고종이 두 여인의 죽음을 못 본 척 묵인한 것은 혹시 이와 연관이 있지 않을까?[25]

폐태자 이충李忠의 죽음에는 허경종의 역할이 누구보다도 컸다.

이충은 왕황후의 아들이 아니었다. 그의 생모는 비천하여 이름이 없었다. 다만 왕황후에게 자식이 없었고 또 이충은 고종의 장자였기에 황후의 외숙이 저수량, 한원과 손을 잡고 장손무기와 우지녕을 설득함으로써 얼렁뚱땅 그를 태자로 옹립했다. 그래서 이때부터 그의 불우한 운명이 시작되었다.[26]

그해, 이충은 10세였고 이치는 25세였다.

---

24 『신당서』「왕황후전」에서 "무후가 그것을 알고서 두 사람에게 곤장 100대를 때리게 명하라고 황제를 재촉했다"라고 한 것을 보면 학살도 고종의 허락을 얻었던 것 같다. 이것은 이해하기가 곤란해 의문으로 남겨둔다.

25 『신당서』「왕황후전」

25세의 황제가 다급히 10세의 서자를 태자로 세운 일은 실로 이해하기 어렵다. 하지만 같은 해, 같은 달에 무소의가 자신의 첫 번째 아들인 이홍李弘을 낳았다는 것을 알면 뭔가를 환히 깨닫게 된다. 그렇다. 그것은 소극적인 의미에서는 왕황후의 지위를 공고히 하기 위한 일이었고 적극적인 의미에서는 날로 임금의 총애를 얻어가던 무소의를 상대하기 위한 일이었다. 하지만 그녀가 또 여러 아이를 줄줄이 낳을 줄은 아무도 몰랐다!

저수량과 한원은 확실히 생각이 깊었고 무미낭도 참 아이를 잘 낳았다. 소의였을 때는 이홍과 이현李賢을 낳았고 황후가 되어서는 또 이현李顯과 이단李旦을 낳았다. 훗날 앞의 둘은 태자가 되었고 뒤의 둘은 황제가 되었다. 결국 고조를 제외하고 당나라 황제 중 두 명은 그녀의 남편이었고 두 명은 그녀의 아들이었으며 나머지는 다 그녀의 손자였던 것이다.

무소의는 당연히 저수량과 그 주변 사람들이 무슨 생각을 하는지 알고 있었으며 허경종은 더더욱 자기 보스의 마음을 잘 알고 있었다. 그래서 황후 책봉식이 끝나고 이틀 뒤, 그는 예부상서의 신분으로 태자 교체를 건의했다. 종법 제도에 따르면 태자는 마땅히 적장자여야 했기 때문이다. 이제 무소의가 황후가 됐으므로 적장자는 곧 이홍이었다.

이에 대해 사람들은 모두 할 말이 없었다.

081   고종은 이렇게 답했다.

---

26 두 『당서』 「이충전」

"충이 벌써 여러 번 태자 자리를 넘기겠다고 했네."

"아주 잘된 일입니다!"

허경종은 반색을 하며 말했다.[27]

그래서 이충은 양왕梁王이 되고 이홍이 태자가 되었다.

이 일도 의심스럽다. 열네 살짜리 아이가 자리를 넘겨 화를 피하는 것을 어떻게 알았단 말인가? 누가 배후에서 조종한 것일까, 아니면 나중에 허경종이 정사를 조작한 것일까? 알 수 없다. 우리는 이충이 끝내 화를 못 피했다는 것을 알고 있을 뿐이다. 얼마 안 지나서 그는 오늘날 후베이성 선눙자神農架 일대로 옮겨져 명실상부한 폐태자가 되었다. 그리고 4년 뒤에는 아류阿劉라는 여종이 영문도 모르게 수도로 가서 고발을 하는 바람에 평민으로 강등되었다.[28]

이충은 역시 폐태자였던 큰아버지 이승건의 옛집에 갇혀 공포의 나날을 보내다가 다시 4년 뒤 자살하라는 황명을 받았다. 그때 그의 나이 22세였다. 우애가 깊었던 새 태자 이홍이 나서서 사정하지 않았다면 그는 심지어 장사를 치러줄 사람도 없었을 것이다.

그때의 저격수도 허경종이었으며 죄명은 역시 모반이었다.

모반죄를 뒤집어씌우는 것은 정말 제국 시대 정치 투쟁의 가장 좋은 무기였던 것 같다. 거의 백발백중이었다. 그래서 그것은 다른 사람을 상대하는 데 다시 쓰였다. 무황후의 눈엣가시를 제거하기 위해서였다.

그 사람은 바로 장손무기였다.

---

27 두 『당서』 「이충전」과 『자치통감』 200권의 영휘 6년 11월
28 두 『당서』 「이충전」과 『당대조령집唐大詔令集』 「출양왕충서인조黜梁王忠庶人詔」

대숙청

장손무기는 젊어서 출세했다.

소인은 출세하면 방탕해진다. 이의부가 그랬다. 젊어서 출세를 하면 경박해진다. 장손무기가 그랬다. 장손 황후의 오빠로서 그는 태종과 나이가 비슷해 형제처럼 사이가 좋았다. 태종은 20여 세에 황제가 되었고 장손무기는 20여 세에 재상이 된 데다 중서, 문하, 상서 이 3성의 사무를 총괄했다. 그의 높은 지위와 거대한 권력, 빛나는 가문은 수나라의 권신이었던 월국공越國公 양소楊素와 맞먹었다.

장손무기는 득의양양했다. 어느 연회에서 그는 불쑥 손님들에게 물었다.

"여러분은 이 무기의 부귀함이 월국공보다 낫다고 보십니까, 못하다고 보십니까?"

손님들은 의견이 분분했다.

이에 장손무기는 스스로 답했다.

"못한 것은 하나밖에 없지요. 월국공은 부귀할 때 이미 나이가 많았지만 이 무기는 부귀한데도 아직 나이가 적으니까요."[29]

실로 경박한 발언이 아닐 수 없다.

경박하면 화를 야기하게 마련이다. 장손무기도 그랬다.

앞에서 말한 대로 태종은 진왕 이치를 태자로 세우는 것에 대해 줄곧 주저하며 마음이 흔들렸다. 그가 더 마음에 들어한 자식은 오왕 이각이었다. 생모가 수 양제의 딸이었던 이각은 부황처럼 용맹하고 과단성이 있었다. 태종의 그 생각은 자신의 이익에 저촉되었으므로 장손무기는 극력으로 반대했다. 그뿐만 아니라 이치가 태자가 된 뒤에도 계속 마음속에 앙심을 품고 그 명망 높은 이색분자를 처치할 기회를 호시탐탐 노렸다.

기회는 곧 다가왔다.

영휘 3년(652) 11월, 도읍에서 괴이한 사건이 일어났다. 태종의 딸인 고양高陽공주가 남편 방유애房遺愛의 형이자 개국공신 방현령房玄齡의 장남인 방유직房遺直이 자신에게 무례를 저질렀다고 고소했다. 이 일은 황족과 연관이 있었으므로 고종은 수상이자 외숙인 장손무기에게 사건 심리를 맡겼다.[30]

그런데 심리가 진행되면서 민사 사건이 정치 사건으로 바뀌었다. 방유직은 방유애와 고양공주가 다른 이들과 결탁해 모반을 꾀했으며 고

---

29 유속劉餗, 『수당가화隋唐嘉話』 상권
30 이 사건은 대단히 복잡하다. 독자의 편의를 위해 이어지는 내용에는 따로 주를 안 달겠다. 모두 『자치통감』 199권 영휘 3년 11월부터 영휘 4년 2월 항목을 참고했다.

종의 숙부인 형왕荊王 이원경李元景을 황제로 옹립하려 했다고 고발했다. 이것은 본래 방유직의 일방적인 주장에 불과했다. 제시한 증거에 확실한 근거도 없었다. 하지만 연루된 방유애, 설만철薛萬徹, 시령무柴令武, 이 세 명의 부마가 모두 과거에 위왕 이태와 한편이었던 까닭에 장손무기는 기회를 놓치지 않고 이 사건을 중대한 반역 사건으로 탈바꿈시켰다.

그 결과, 당연히 황제의 친인척이 줄줄이 목숨을 잃었다.

이 사건의 진실은 이미 밝힐 수가 없으므로 그 억울한 사정도 풀 길이 없을 듯하다. 설만철은 판결에 불복했지만 방유애가 증언한 탓에 어쩔 수 없이 형장으로 갔다. 형이 집행되기 전, 그는 비분이 교차하여 큰 소리로 외쳤다.

"나 설만철은 당당한 사나이로서 전장을 누비며 나라를 위해 목숨을 바치지 못하고 방유애 그 개자식 때문에 죽게 되었으니 너무나 원통하도다!"

망나니가 그의 기세에 눌려 칼이 빗나갔다.

설만철은 또 소리쳤다.

"왜 칼을 못 쓰는 게냐?"

망나니는 몸이 벌벌 떨려 칼을 세 번 내리치고서야 설만철을 죽였다.[31]

085 그러나 방유애는 전혀 다른 꼬락서니를 보였다. 첫 번째 당사자로서

그는 모반에 관해 숨김없이 자백하고 설만철의 죄상을 명확히 증언했을 뿐만 아니라, 오왕 이각도 그 일에 참여했다고 모함했다. 그리고 이를 통해 장손무기의 환심을 삼으로써 양형을 할 때 "중대한 공을 세웠다"는 이유로 관대한 처분을 받기를 바랐다.

하지만 장손무기는 결코 방유애에게 살 길을 열어주지 않았으며 세상 사람들이 이각을 포기하게 할 기회도 놓치지 않았다. 이 사건과 전혀 무관했던 이각은 자신의 결백을 증명할 방법이 없어 끝내 황제에게서 자살하라는 명령을 받았다. 죽기 전, 이각은 크게 욕을 했다.

"장손무기여! 너는 권모술수를 부려 충신을 모함했다. 조상의 영혼이 있다면 얼마 안 가서 너는 멸족을 당할 것이다."

하지만 장손무기는 전혀 거리낌이 없었다. 이미 그 사건으로 왕 두 명과 공주 두 명, 부마 세 명이 죽었는데도 사건 종료 후에도 계속 사람들을 연루시켜 왕 한 명을 연금하고 왕 한 명과 재상 한 명과 부마 한 명을 유배했다. 그 결과, 황실 안에서 조금이라도 능력 있는 사람은 전부 제거되었고 덕분에 무측천은 훗날 너무나 손쉽게 정권을 갈아치울 수 있었다. 그것은 당연히 장손무기가 미처 예상치 못한 결과였으며 그가 일으킨 그 억울한 옥사獄事는 하늘도 용납할 수 없는 일이었다. 그래서 역사가는 평하길, "이 사람이 훗날 억울하게 죽은 것은, 하늘의 법망法網이 성근 듯해도 악인이 결코 빠져나가지 못한다는 것을 증명한다"고 했다.[32]

---

32 『구당서』「종실열전」의 '사신왈史臣曰' 참고.

몇 년 안 돼서 인과응보가 실현되었다.

현경 4년(659) 4월, 이봉절李奉節이라는 낙양 사람이 조정의 두 관원이 결탁해 반란을 꾀한다는 고발장을 올렸다. 이 사건은 무척 수상쩍어서 고종은 중서와 문하, 두 성의 장관에게 심리를 맡겼다.[33]

장손무기의 마지막 날이 다가왔다.

사실 그때 장손무기는 예전 같은 권위는 갖고 있지 못했다. 최고 의결 기구인 정사당 회의의 성원 일곱 명 가운데 여섯 명은 그의 편이 아니었다. 더욱이 그의 적수이자 현임 중서령이었던 허경종이 하필 그 사건의 심리를 맡은 두 사람 중 한 명이었다.

허경종은 어쨌든 사학자여서 지나간 역사적 사실을 잘 알았고 장손무기가 과거에 어떻게 사건을 날조했는지 훤히 꿰뚫고 있었다. 사소한 일을 일부러 부풀려 보통 사건을 모반 사건으로 탈바꿈시킨 뒤, 연루시키려는 자들을 거기에 줄줄이 엮고서 마지막에 고문으로 자백을 강요하는 수법을 썼다. 이에 허경종은 그 수법을 그대로 흉내 내 장손무기에게 되돌려주기로 했다.

꼬투리도 금세 생겼다. 피고 중 한 명이 혹형을 못 이겨 자살을 하려다 미수에 그치자, 허경종은 즉시 죄가 두려워 그런 것으로 규정하고 "장손무기와 더불어 황상의 근친과 충신을 모함해 권력을 장손무기에게 돌리고 틈을 봐서 모반하려 했다"라고 죄상을 확정했다.

이 말은 무척 애매모호하지만 일부러 이렇게 말한 것이었다. 누구와

---

33 이 사건도 마찬가지로 복잡하게 뒤섞여 있다. 이어지는 서술에 별도의 주를 안 달겠다. 모두 『자치통감』 200권 현경 4년 4월부터 7월 항목을 참고했다.

뭘 하려 했고 틈을 봤다는 것에 증거가 있을 수 있을까? 없었다. 증거가 필요 없기도 했다. 황제가 믿고 싶어하면 그만이었다. 혹시 믿지 않더라도 허경종에게는 아무 책임이 없었다.

고종은 천만뜻밖에 심리 결과가 그렇게 나온 것을 보고 눈이 휘둥그레져 두려움에 떨었다. 그는 즉시 허경종에게 말했다.

"그런 일이 있을 리가 있나. 외숙이 소인에게 이간질을 당해 의심을 샀을지언정 설마 모반을 했다니?"

허경종은 이렇게 답했다.

"공범들이 다 자백했습니다. 저희도 거듭 추리를 하여 장손무기가 모반의 마음을 품었음을 확인했습니다. 폐하가 안 믿으시면 사직이 위태로워집니다."

황제는 당연히 믿었다.

혹은 믿는다고 자기 암시를 했다.

사실 고종은 이미 권신들의 횡포가 지긋지긋했고 또 7년 전 장손무기에게 퇴짜를 맞은 일을 똑똑히 기억하고 있었다. 당시 그는 눈물을 흘리며 이원경과 이각을 살려달라고 했다.

"형왕은 짐의 숙부이고 오왕은 짐의 형제일세. 목숨만이라도 살려줄 수 없나?"

뜻밖에도 그는 그들을 살릴 수 없었다.[34]

그래서 장손무기가 타도되는 것을 그는 은근히 원했다.

088

하지만 이치는 역시 주저하며 허경종에게 말했다.

"짐의 가문은 불행하여 친척 중에 늘 못된 마음을 품는 자가 있네. 전에는 고양공주와 방유애가 그러더니 이번에는 외숙이라니. 정말 짐이 남 보기가 부끄럽네. 만약 이 일이 사실이면 어떡해야 한단 말인가!"

"방유애는 젖비린내도 안 가신 자였고 공주는 여자여서 애초에 성공할 수 없었습니다. 그러나 장손무기는 선제의 옛 신하로서 30년 넘게 재상의 지위를 누렸으며 모두가 그의 지모와 권세를 두려워합니다. 게다가 이제 죄악이 드러났으니 쥐도 궁하면 고양이를 문다고 그자가 무슨 짓을 할지 모릅니다. 높은 곳에 올라가 소리만 한번 지르면 필시 공범들이 구름처럼 몰려들 겁니다. 폐하는 설마 수양제가 될 생각은 없으시겠죠?"

이치는 겁이 나서 온몸이 굳었다. 그것이 어떤 결과인지 당연히 알고 있었다. 그렇다. 수양제는 우문술字文述 일가를 너무 믿은 탓에 지위도 명예도 잃고 나라까지 망하게 하고 말았다. 이에 그는 다시 말했다.

"아무리 그래도 짐은 차마 못하겠네. 외숙을 죽이면 세상 사람이 짐을 어떻게 보겠으며 후손들은 또 짐을 어떻게 보겠나?"

허경종은 다시 사학자로서의 능력을 발휘했다.

"한문제는 외숙 박소薄昭를 죽이고도 지금까지 현명한 군주였다는 평가를 받습니다. 박소는 발끈해서 사신을 죽였을 뿐이지만 장손무기는 모반을 하려했으니 누구의 죄가 더 큽니까? 폐하가 약한 마음으로 우물쭈물하시면 거꾸로 화를 당하실 겁니다. 악인에게 관용을 베풀면 가까운 데에서 변고가 일어나게 마련이니 뒤늦게 후회하시지 않을까 염려됩니다."

고종은 그 박학다식한 사학자에게 완전히 설득당했다. 그래서 따로 장손무기에게 사람을 보내 조사도 해보지 않고 즉시 그를 폐태자 이승건의 유배지였던 검주로 유배하라고 명했다. 세 달 뒤, 허경종은 고종이 그 사건을 재심리하라고 명한 것을 기회로 삼아 검주로 사람을 보내 장손무기가 스스로 목을 매게 했다.

백 년 된 거목이 이렇게 쓰러지자 다른 나무도 뒤따라 넘어갔다. 한때 재상이었던 저수량, 한원, 내제 그리고 왕황후의 외숙인 유석柳奭이 연루되었고 그들의 친족도 당연히 화를 입어 좌천되거나 피살되거나 유배되거나 제명되었다. 중립을 지키던 재상 우지녕도 재난을 면치 못했으니 그야말로 대숙청이라 할 만했다.

무황후가 그 사건에서 어떤 역할을 맡았는지는 확실하고 직접적인 증거가 없다. 단지 그때부터 정권이 그녀의 수중에 들어갔다는 것만 알려져 있을 뿐이다. 아마도 그녀는 허경종에게 어떤 지시나 암시를 한 적은 없을 것이다. 모든 것이 그자가 알아서 그녀의 의중을 헤아리고 비위를 맞추려 벌인 짓이고 그녀는 그저 가만히 앉아 즐기기만 한 것으로 보인다.

아마도 그랬을 것이다, 아마도.

정적들이 아수라장이 된 꼴을 보면서 허경종은 웃었고 무측천도 웃었다. 이치 역시 그랬을 것이다. 그러나 이치는 곧 웃을 수 없게 되었다. 장손무기 집단이 제거되었는데도 권력이 자신에게 속한 것 같지 않았기 때문이다.

누가 황제인가

이치는 불쾌한 일을 당했다.

　어느 날, 그는 이의부를 불러 이야기를 나눴다. 그자가 공공연히 매관매직을 하고 가족까지 불법을 저질러 백성의 원망이 비등했기 때문이다. 그래서 황제는 온화하게 그를 타일렀다.

　"자네 아들과 사위가 그리 신중하지 못하더군. 짐이 덮어주긴 하겠지만 자네도 훈계를 좀 해주게."

　이의부는 안색이 싹 바뀌었다. 얼굴이 시뻘게지고 관자놀이에 힘줄이 불거지더니 목소리를 낮춰 또박또박 반문했다.

　"누가 폐하께 그 얘기를 했습니까?"

　고종은 순간 숨이 턱 막혔다. 지금 이게 신하가 군주에게 할 소리인가?

　하지만 그는 속수무책이었다. 개를 때리려면 그 주인의 눈치를 봐야 092

하는데 이 개의 주인은 황제도 쉽게 제지할 수 없는 인물이었다. 그래서 고종은 억지로 화를 누르며 말했다.

"그 얘기가 사실이라면 짐이 누구에게 들었는지 굳이 물어볼 필요가 있나?"

이의부는 그래도 불만스러워하며 성큼성큼 가버렸다.[35]

그 일로 이치는 너무 화가 났다. 이의부도 미웠고 자신도 미웠다. 제 주인만 믿고 으스대는 저 개자식과 왜 이야기를 했을까? 또 왜 천자로서 그렇게 저자세를 취했을까? 이것은 다 그 녀석의 뒷배경인 황후 때문이었다.

황후만 생각하면 이치는 맥이 빠졌다.

그렇다. 그는 황후가 갈수록 이해가 안 갔고 자기가 황제 노릇을 어떻게 해야 하는지도 갈수록 알쏭달쏭했다. 과거에 장손무기와 저수량 등을 만나면 그는 압박감을 느꼈는데, 지금 이의부와 허경종을 보면 우롱당하는 기분이 들었다. 과거에 그는 천하가 자기 것이 아니라 장손무기의 것이라는 생각이 들었는데, 지금도 역시 자기 것이 아니라 무황후 것이라는 생각이 들었다.

이치는 억울했다.

억울했던 이치는 세 번의 시도를 했다.

인덕麟德 원년(664) 12월, 장손무기가 누명을 쓰고 죽은 지 5년 뒤에 이치는 돌연 재상 상관의上官儀를 불러 황후 폐위의 조서를 쓰게 했다.

---

35 두 『당서』「이의부전」참고. 그러나 그 후 고종의 반응에 대한 두 『당서』의 기록은 각기 다르다. 『구당서』에서는 "황제는 또 그를 관용했다"라고 했고 『신당서』에서는 "황제가 이 때문에 불쾌해했다"라고 했다. 나는 『신당서』가 옳다고 본다.

하지만 안타깝게도 조서의 먹물이 다 마르기도 전에 황후에게 전갈이 갔다. 황후가 곧 자기 앞에 서자마자 황제는 기가 죽었다. 심지어 신하를 팔아먹으면서까지 황후를 향해 꼬리를 흔들었다.

"나는 이럴 뜻이 없었소. 다 상관의가 부추긴 거요."

공처가도 이런 공처가가 없었다.

황후는 웃었다. 상관의는 과거에 이충의 부하였기 때문이다. 이에 또 한 번의 모반 사건이 허경종에 의해 뚝딱 만들어졌다. 그 결과, 폐태자 이충은 사약을 받았고 상관의는 목이 날아갔을 뿐만 아니라 온 가족이 궁의 노비가 되었다.

이치는 당연히 더 고분고분해졌다.

사실 이때부터 무측천은 무대 뒤에서 무대 전면으로 나섰다. 그녀는 수렴청정을 시작해 이치와 함께 '이성二聖'이라는 명칭으로 불렸다. 그러나 주렴 앞에 앉은 황제는 꼭두각시에 불과했고 뒤에 앉은 황후야말로 조종자였다.[36]

이렇게 또 10여 년이 흘렀다.

황제는 날이 갈수록 더 재미가 없어졌다. 그는 권력을 다 내놓고 무측천 혼자 국정을 장악하게 하거나 아예 지위까지 내주려 했지만 재상 학처준郝處俊의 반대에 부딪쳤다. 그전에는 태자 이홍에게 양위하고 자기는 태상황太上皇이 되려 한 적도 있었지만 이홍이 석연치 않은 원인으로 돌연사하는 바람에 무산되었다.[37]

---

36 이상은 모두 『신당서』 「상관의전」과 『자치통감』 201권 참고. 『신당서』 「측천무황후전」의 기록도 대략 비슷하다.

37 이 부분은 진실인지 아닌지 분명치 않다. 『구당서』 「학처준전」을 보면 "고종이 풍진風疹 때문에 양위를 하려고 황후에게 국사를 대행하게 했다"는 내용이 나오지만 시점이 상원 3년이다. 『신당서』 「학처준전」도 "황제가 병이 많아 무후에게 양위하려 했다"라고 썼지만 역시 연도가 다르다. 이 책의 두 사건에 관한 서술은 모두 『사치통감』 202권 상원 2년 항목과 '고이考異' 부분을 참고했다.

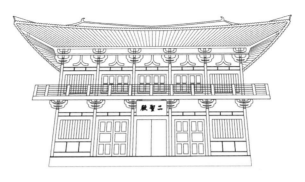

이성전二聖殿

무측천의 출생지인 쓰촨성 광위안廣元에 위치한 황택사皇澤寺의 건물이며 안에 무측천과 고종 이치의 찰흙상이 있다. 지금까지 전해지는, '이성'을 주제로 한 옛 유적이다. 건물 사진을 토대로 한 도안이다.

이치는 자신이 무슨 시도를 해도 소용이 없다는 것을 깨달았다. 그는 마치 살이 뒤룩뒤룩 찐 한 마리 양 같았고 황제가 되어 늑대 무리 안에 던져진 것이나 다름없었다. 그런데도 아직 안 잡아먹힌 것은 늑대들이 저마다 이 한 마리뿐인 양에게 눈독 들이고 있었기 때문이었다. 늑대들은 또 가끔씩 이 양을 앞세워 정체를 숨길 필요도 있었다. 이치는 늑대들의 포위에서 벗어날 방법이 전혀 없었기에 모든 것을 운명에 맡긴 채 하루살이 같은 심정으로 살아갔다.

095   더구나 이치는 건강도 갈수록 안 좋아졌다. 33세에 그는 풍현병風眩

病(찬바람을 쐬어 눈이 어두워지는 질병)에 걸려 눈이 보이지 않아서 할 수 없이 정무의 일부를 황후에게 넘겼다. 또 35세에는 풍비風痺(사지와 몸 여기저기가 쑤시고 마비가 오는 증상)에, 46세에는 말라리아에 걸렸다. 이처럼 이치는 후반생 내내 병에 시달렸기 때문에 많은 것을 돌볼 수 없었다.[38]

반면 무측천은 갈수록 젊어지고 정력이 왕성해졌다. 황후 폐위의 음모가 무산된 지 2년 뒤, 그녀는 이치와 함께 태산泰山에 가서 태후로는 최초로 봉선封禪(천자가 하늘에 제사 지내는 의식)에 참여하는 선례를 남겼다. 8년 뒤에는 또 고종의 칭호를 천황天皇으로, 자신의 칭호는 천후天后로 바꾸고 정치 개혁을 위한 열두 가지 강령을 반포했다. 이는 그녀가 실질적으로 이미 당나라의 핵심 인물이자 정치 지도자였음을 의미한다. 그래서 이치가 56세에 병사했을 때, 무황후는 거의 아무 힘도 안 들이고 손쉽게 정권을 넘겨받았다.

그것은 전혀 이상한 일이 아니었다. 그녀가 꼬박 28년이나 황후였기 때문이다. 그 28년간 무황후는 거의 쉬지 않고 당나라의 정치 무대에서 활약하면서 새판을 벌이고 또 승리를 거뒀다.

그 과정을 세 단계로 나누면 첫 10년은 '황후 시기'로서 주로 정치를 맡은 사람은 이치였고 무측천은 이따금 관여하는 데 그쳤다. 그리고 중간의 10년은 '이성 시기'였다. 두 사람이 함께 정무를 보았으며 무측천은 공개적으로 정치에 참여했다. 마지막 '천후 시기'에 가서는 기본적으로 고종은 정치에서 손을 떼고 무측천이 실질적으로 황권을 행사했다.[39]

---

38 이치가 병이 난 연도는 순서대로 현경 5년(660), 용삭龍朔 2년(662), 함형 4년(673)이다.

39 『구당서』「고종기」 상원 2년 3월

1.	농사와 양잠을 권장하고 세금과 요역을 줄인다.	2.	삼보지三輔地, 즉 장안과 그 부근 지역의 요역을 면제한다.
3.	전쟁을 멈추고 도덕으로 천하를 교화한다.	4.	정부의 공방에서 쓸모없고 화려하기만 한 물건을 제조하는 것을 금한다.
5.	힘든 요역을 줄인다.	6.	언로言路를 넓힌다.
7.	유언비어를 막는다.	8.	왕공王公 밑으로는 모두 『노자』를 학습한다.
9.	모친상 때도 상복을 3년간 입는다.	10.	상원上元 원년(674) 전에 공을 세운 관원이 이미 낙향한 경우에는 심사 없이 재기용할 수 있다.
11.	수도의 8품 이상 관리의 급여를 높여준다.	12.	오래 일하고도 직급이 낮은 능력 있는 관리는 승급을 건의할 수 있다.

정치 개혁을 위한 열두 가지 강령建言十二事(『신당서』)

무측천이 여기까지 올 수 있었던 것은 전적으로 그녀의 원대한 계략과 주도면밀함 덕분이었지만 한편으로 모두가 그 여인을 과소평가했기 때문이기도 했다. 사람들은 그녀가 봉선에 참여한다고 했을 때는 그저 나서기를 좋아한다고만 생각했고 글을 올려 개혁을 논했을 때는 그저 일시적인 의견이라고만 생각했다. 하지만 뜻밖에도 전자는 여론 조성이 목적이었고 후자는 정치 개혁이 목적이었으니 모두 각별한 고심의 산물이었다.

여인은 흔히 과소평가되었으며 그로 인해 무측천은 남몰래 미소를 짓곤 했다.

097　그래서 그녀가 문학에 능한 인사들을 소집해 책을 편찬하겠다고 했

을 때도 별로 신경 쓰는 사람이 없었다. 이치는 심지어 뭘 해도 상관 없다는 태도로 그녀가 알아서 그 '대수롭지 않은' 일을 하게 놔두었다. 그리고 그녀가 일부러 "역사를 거울로 삼는다"는 명언을 언급했는데도 불구하고, 역시 그 일과 현재 정치의 관련성을 생각한 사람은 없었으며 한 여자가 그렇게 큰 정치적 흥미와 야심을 가졌으리라 생각한 사람은 더더욱 없었다.

그러던 어느 날, 북문北門 학사들이 조정에 나타났다.

북문(현무문)은 황궁의 후문으로 법에 따르면 황제, 후비, 태자, 왕공만 출입할 수 있었다. 그런데 무측천은 고종에게 허락을 받아 특별히 그 편찬자들이 북문으로 궁에 들어올 수 있게 했다. 지도를 보면 알 수 있듯이 그녀의 목적은 명확했다. 재상과 여러 관리의 집무 장소인 남아南衙를 피해서 들어오게 하는 것이었다. 따라서 그 사람들의 임무는 절대로 『열녀전列女傳』 같은 볼거리나 집필하는 것이 아니었다. 그들은 정무에 참여하고 결정하는 권한도 가졌다.

다만 그것은 비밀이었다.

그러나 비밀은 언젠가는 밝혀지게 돼 있다. 북문 학사 중 누군가가 마침내 현무문 밖에서 명을 기다리는 대신, 재상이 돼서 당당히 정사당으로 걸어 들어가 국무회의에 참여했다. 그제야 사람들은 크게 깨달았다. 본래 황후는 역사를 연구하려 했을 뿐만 아니라 고쳐 쓰려했고, 또 집필진뿐만 아니라 고문팀과 행정팀까지 조직하려 했던 것이다. 황

궁성도: 북문 학사들의 위치

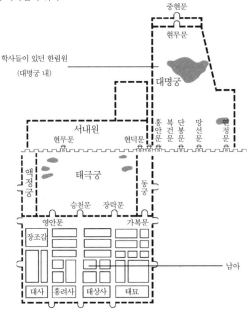

후는 결코 배가 불러 할 일이 없었던 게 아니었다.[40]

　그것은 피 한 방울 안 흘린 '현무문의 변'이었다.

　변혁은 일찍부터 서서히 진행되고 있었다. 현경 4년(659) 6월, 『성씨록姓氏錄』으로 『씨족지氏族志』를 대체하라는 황명이 떨어졌다. 정관 시기의 『씨족지』는 가문들의 순위표로서 각 가문의 사회적 지위를 명확히

099

표시했다. 그래서 이 목록의 개정은 개헌과도 같은 의미가 있었다.

허경종과 이의부는 이 일의 선도자였다. 후자는 심지어 이미 유행하던 『씨족지』를 죄다 수거해 소각하기까지 했다. 왜냐하면 그 책 속에 자기 가문의 지위가 기재되지 않았기 때문이다. 하지만 허경종은 무측천에게 아부하는 데 더 주력했다. 그가 제시한 개정의 이유는 그녀의 가문이 너무 낮게 평가되어 있다는 것이었다.[41]

결국 새로 편찬된 『성씨록』이 『씨족지』를 대치했다. 무씨 가문은 이씨 황족과 함께 나란히 1등급으로 올라섰고 허경종과 이의부는 재상이어서 가문이 2등급이 되었으며 5품 이상 관리의 가문도 모두 순위에 올랐다. 하지만 관직을 배출하지 못한 구舊사족은 전부 도태되었다. 이처럼 관직을 기준으로 혈통을 평가절하한 것은 전통 관념을 뒤엎은 것이나 다름없었다. 그래서 『성씨록』이 나오자마자 여론이 들끓었다.

그러나 무측천은 여론 같은 것은 상관하지 않았다. 그 후에 그녀는 과거제를 이용해 문벌 관념에 또 한 차례 치명타를 가했다. 한편 『성씨록』이 나온 시점도 주목할 필요가 있다. 그보다 두 달 전에 장손무기가 모반의 누명을 썼고 세 달 뒤에는 강요로 자살을 했다. 이처럼 관롱關隴 집단의 공훈 귀족이 지고 빈한한 가문의 서족庶族이 뜬 것은 결코 우연이 아니었다.

이때는 그녀가 황후가 된 지 겨우 3년 남짓밖에 안 된 시점이었다.

이를 통해 무측천이 처음부터 준비를 하고 있었다는 것을 알 수 있 **100**

41 『신당서』 「이의부전」과 『자치통감』 200권 현경 4년 6월

다. 그녀는 충분한 준비를 갖췄으며 축적된 정치 자본도 적지 않았다. 예컨대 그녀가 수렴청정을 한 지 3년여 만에 이적이 평양을 함락시켜 고구려가 망했다. 수당 양대의 황제 세 명도 못 해낸 일을 그녀가 해낸 것이다. 그때는 아마 정적들조차 그녀가 당나라의 실질적인 황제이며 그만한 능력이 있다고 인정할 수밖에 없었을 것이다.

그렇다면 그녀는 황제의 명분을 얻을 수 있었을까?

얻을 수 있었다. 피만 흘리면 가능했다.

제3장

대학살

한때 무측천과 묵계라도 한 듯 손발이 잘 맞았던 배염은 이때 감옥에서 조용히
죽음을 기다리고 있었다. 그는 죄를 인정하고 비는 게 어떠냐는 사람에게 말했다.
"재상이 감옥에 갇혔는데 어떻게 밖에 나갈 수 있겠는가?"

이홍의 죽음

상원 2년(675), 봄과 여름이 교차하던 시기에 황궁의 분위기는 잔뜩 긴장되어 있었고 괴이했다. 한 달도 안 되는 기간에 두 명의 황실 식구가 원인불명의 죽음을 맞았기 때문이다. 더구나 4월 25일에 죽은 사람은 무황후의 친아들이자 고종의 적장자인 24세의 태자 이홍이었다.

당시 어떤 사람은 이홍이 무황후에게 독살당했다고 말했다.[1]

그것은 얼토당토않은 의심이 절대로 아니었다. 과거에 "음식을 잘못 먹은" 사람이 있었기 때문이었다. 그 살인 사건은 9년 전에 일어났고 장소는 무황후의 집안 잔치였으며 거기 있던 이들은 황후의 친척인 사촌오빠 무유량武惟良과 무회운武懷運 그리고 조카딸인 위국魏國부인 하란씨賀蘭氏였다. 아마 황후의 모친, 영국榮國부인도 있었을 것이다.

음식에 중독된 사람은 위국부인 하란씨였다.

하란씨의 모친은 무황후의 언니인 한국韓國부인이었다. 동생이 황후

---

1 이 사건과 관련해 『구당서』 「효경황제홍전孝敬皇帝弘傳」은 "얼마 안 돼 죽었고 향년 24세였다"라고 적고 있으며 『신당서』 「효경황제홍전」은 "독살을 당했다"고 말한다. 『신당서』 「측천무황후전」에서는 또 "무황후가 노하여 이홍을 독살했다"라고 말하며 『자치통감』 202권 상원 2년 4월 항목에서는 "그때 사람들은 무황후가 그를 독살했다고 생각했다"라고 적고 있다.

였던 덕분에 아직 우아한 자태가 남아 있던 그 과부는 항상 아리따운 딸을 데리고 후궁에 출입했고 결국에는 고종의 용상에까지 올라갔다. 한국부인이 죽은 뒤에 황제는 또 위국부인까지 정식으로 거둘 계획을 세웠다. 단지 계속 입을 열지 않았을 뿐이었다.

그것은 당연히 무황후의 한계선을 건드렸다. 마침 그녀의 어머니가 무유량과 무회운을 몹시 못마땅해하기도 했다. 이에 사건은 다음과 같이 전개되었다. 위국부인이 불행히도 두 외숙, 무유량과 무회운이 바친 음식을 먹고 급사했다. 그 바람에 무유량과 무회운은 고의 살인죄로 사형 선고를 받았다. 모든 게 빈틈없이 처리되었고 대의를 위해 친척까지 희생시킨 황후의 엄격함은 제국의 사법적 정의를 구현했다. 물론 이 사건은 따져보면 구멍난 곳이 한두 군데가 아니었지만 말이다.[2]

고종은 믿지 않았다.

위국부인이 죽은 뒤, 그녀의 오빠 하란민지賀蘭敏之가 입궁하여 애도의 뜻을 표하자 고종은 울면서 말했다.

"짐이 조정에 들어가기 전까지 멀쩡하더니 어떻게 순식간에 그런 일을 당했단 말인가?"

하란민지는 울기만 하고 아무 말도 하지 않았다.

무측천은 즉시 알아챘다. 이 어린 놈이 나를 의심하는구나! 4년 반 뒤, 하란민지는 유배 판결을 받았고 곧이어 피살됐거나 자살했다. 그의 죄명은 놀라웠다. 외조모 영국부인과 간통을 했고, 태자 이홍의 약혼

---

2 『구당서』「무승사전」과 『신당서』「측천무황후전」 그리고 『자치통감』 201권 건봉乾封 원년 8월 항목을 참고. 이 세 권의 기록이 조금씩 다르며 여기서는 『자치통감』을 근거로 삼았다.

녀를 핍박해 정을 통했고, 무황후의 딸 태평공주의 시녀를 강간했다는 것이었다. 이 일도 마찬가지로 진위를 밝히기 어렵다. 만약 진짜라면 하란민지는 지나치게 담이 컸던 것이고, 만약 가짜라면 무황후는 그렇게까지 조작할 필요는 없었을 것 같다.[3]

사실 그것은 무황후의 자업자득이었다. 본래 씨가 다른 오빠와 두 사촌 오빠를 미워했던 탓에 그녀는 무씨 가문 사람들을 배제하고 하란민지로 하여금 아버지 무사확의 작위를 계승하게 했었다. 이 때문에 하란민지를 해치우려 할 때 무척 골머리를 앓아야 했다. 심지어 자기 모친과 장차 며느리가 될 사람의 명예까지 해치면서 말이다.

이 사건의 진실이 정확히 무엇이었는지는 역시 의문으로 남겨둘 수밖에 없을 듯하다.

하지만 또 다른 며느리의 죽음은 무측천에게 책임이 있었던 게 확실하다.

그 무고한 여인은 조씨趙氏였고 무측천의 아들 이현의 왕비인 동시에 고조의 딸 상락常樂공주의 딸이었다. 그리고 문제의 핵심은 상락공주의 특수한 신분에 있었다. 혈연을 따지면 그녀는 태종의 이복 여동생이었고 배분을 따지면 고종의 고모였다. 그래서 이치는 그녀와 관계가 매우 좋았다.

무측천은 이를 용인하지 못했다. 사실상 그녀는 성관계가 있든 없든 어떤 여인도 황제와 친하게 지내는 것을 허락하지 않았다. 이에 상락공

---

3 고종과 하란민지의 대화는 『신당서』 「측천무황후전」을, 하란민지의 죄명과 죽음은 『구당서』 「무승사전」 참고. 전체적인 상황은 『자치통감』 202권 함형 2년 4월 항목 참고.

주와 그녀의 남편은 천 리 밖으로 내쫓겼고 그들의 딸은 무측천의 며느리이자 이현의 본처였는데도 연금되었다.

폐위된 왕황후, 소숙비와 마찬가지로 조비趙妃의 신세도 불쌍하고 암울했다. 그녀는 심지어 직접 밥을 해 먹어야 했다. 그래서 호위무사가 조비의 거처에서 며칠간 밥 짓는 연기가 안 난 것을 깨닫고 문을 따고 들어가서야 이미 부패된 그녀의 시신을 발견했다.

이 사건도 흐지부지 종결되었다. 자살인지, 타살인지, 돌연사인지 결론도 안 났고 묻는 사람도 없었다. 우리는 단지 조비의 시신이 발견된 날이 상원 2년(675) 4월 7일이며 18일이 지나고 이홍이 죽었음을 알고 있을 뿐이다.[4]

그 두 사건이 무슨 관계가 있는지 밝혀줄 만한 증거는 없다. 하지만 짧은 기간에 연달아 사람이 죽은 탓에 궁 안팎으로 별의별 소문이 난무했다. 당연히 조비는 "음식을 잘못 먹었을" 리는 없었다. 정확히 말해 그녀는 무측천의 정신적 폭력에 의해 죽은 셈이었다. 그런데 이홍의 일은 뭐라 설명하기 어렵다. 태자와 황후의 불화는 이미 공공연한 비밀이었으며 이홍이 황제 대신 잠시 국사를 처리할 때 모자간에 심각한 갈등이 벌어지기도 했다.

그 갈등은 다른 두 공주와 관련이 있었다.

두 공주는 소숙비의 딸이었다. 소숙비가 해를 입은 뒤, 두 딸은 목숨을 부지하기는 했지만 모친의 사랑도 부친의 사랑도 못 받았다. 누구의 **108**

관심도 못 받은 채 30, 40세까지 노처녀로 있어야 했다. 그 사연을 들은 이홍은 깜짝 놀랐으며 그 손위 누이들에게 공정한 대접을 해주기로 마음먹었다.

왕궁을 총괄하던 무측천은 그의 정당한 요구를 거절할 수 없어서 두 공주를 당일 당직을 서던 호위무사에게 시집보내는 것으로 일을 마무리했다. 하지만 그 일로 태자에 대한 미움이 가슴속에 생겼다. 이홍의 너그러움이 자신의 냉담함과 잔인함을 부각시켰기 때문이다. 더 밉살스러웠던 것은 이홍이 자신에게 부탁하지 않고 직접 황제에게 그 일을 상주한 것이었다. 이런 식이면 무측천이 어떻게 국정을 관장하겠는가?

절대로 용납할 수 없었다!

황후는 자신의 권위에 도전하는 것을 일절 허용하지 않았다. 자신의 친아들도 예외가 아니었다. 황제조차 그녀 앞에서는 고분고분했으니 다른 사람은 어땠겠는가? 이에 조정과 민간에서는 태자 전하도 "음식을 잘못 먹었다"는 소문이 널리 퍼졌다.[5]

이 사건을 파헤치기 위해서는 두 가지 질문에 답해야만 한다. 우선 이홍은 정말로 두 누이를 위해 권리를 주장해주었을까? 그리고 무측천은 아들을 독살할 필요가 있었을까?

앞의 질문은 그렇다고 답할 수 있다. 그가 억울하게 죽은 폐태자 이충의 시신을 수습해준 게 그 증거다. 이충이 수도에서 쫓겨날 때 이홍

109

---

5 이 일에 관해 『신당서』 「측천무황후전」에서는 "소숙비의 딸 의양義陽 공주와 선성宣城 공주가 액정궁에 갇혀 거의 마흔이 되도록 시집을 못 갔다. 태자 이홍이 이를 황제에게 아뢰자 황후가 노하여 이홍을 독살했다"라고 적고 있다. 같은 책의 「효경황제홍전」에서는 또 말하길, "의양과 선성, 두 공주는 모친 탓에 액정궁에 갇힌 채 마흔이 되도록 시집을 못 갔다. 이홍이 이를 듣고 측은하여 황제에게 시집을 보내주길 청했다. 이에 무황후가 노하여 즉시 당일의 호위무사와 짝을 지어주었고 이 때문에 이홍은 그녀의 총애를 잃었다"라고 했다. 『자치통감』 202권 상원 2년 4월 항목의 내용도 『신당서』와 비슷하지만 두 공주의 나이가 서른이 넘었다고 적고 있다.

의 실제 나이는 겨우 세 살 반이었으니 형제간의 정은 있을 리 만무했다. 따라서 그가 아버지가 같은 그 형을 위해 나선 것은 전적으로 유가에서 말하는 우애와 동정심에서 비롯된 것이었으며 이는 자기 어머니와는 정반대되는 면모였다.

확실히 이홍은 천성이 선량했다.

그의 선량함은 소년 시절에 이미 표출됐다. 한번은 스승이 그에게 『춘추좌전』을 강설해주다가 초나라 성왕成王이 태자 상신商臣에게 퇴위를 강요받고 살해당하는 대목에 이르렀는데 그가 갑자기 끼어들어 말했다.

"성인의 책에 어떻게 이런 내용이 있을 수 있죠? 이렇게 인륜과 천리에 어긋나는 일은 입에 담기도 어려운데 어떻게 좋다고 듣고 있겠습니까?"

스승은 할 수 없이 책을 『예기』로 바꿨다.

또 다른 예도 있다. 함형咸亨 2년(671), 관중關中 지역에 큰 가뭄이 들어 황제가 신하들을 인솔해 낙양으로 몸을 피하면서 20세의 이홍을 장안에 남겨 국사를 관장하게 했다. 그때 태자 전하는 친히 군중을 시찰하다가 사병들이 초근목피를 먹는 것을 보고서 즉시 자기 창고를 열어 군대의 부족한 식량을 메꾸게 했다. 이 일은 당시 널리 인구에 회자해 당나라 백성의 마음속에 깊은 인상을 남겼다.

태자 이홍은 평판이 대단히 좋았다고 말할 수 있다.

하지만 안타깝게도 그는 건강이 그리 좋지 않았다. 일찍이 태자로 책봉된 해에 중병에 걸려 어의가 희망이 없다고 한 적도 있었다. 황제 대신 국사를 관장하던 때도 몸이 계속 아파 다른 사람이 대신 정무를 처리했다. 결국에는 황제가 부득이 그의 업무량을 줄여주고 낙양으로 불러들였지만 그가 거기에 와서 죽는 것을 속수무책으로 지켜봐야만 했다.

다시 말해 죽기 전에 이홍은 이미 병이 깊어질 대로 깊어진 상태였다.[6]

그런 상황이었으니 무측천은 굳이 낡은 수법을 써서 다시 독살 사건의 주역이 될 필요는 없었다. 하물며 그때 그녀는 고종과 함께 국정을 맡아본 지 벌써 10년이 되었고 태산에 가서 봉선에 참여했으며 고구려를 멸하고 호칭도 천후로 바꾸었다. 그녀의 입지는 이홍 정도로 흔들리지는 않았다. 더구나 그 태자는 자기 아버지와 마찬가지로 병약했다.[7]

습관적으로 착한 사람에게 누명을 씌우는 사람은 자기도 누명을 쓸 가능성이 많다.

그렇다면 우리는 어떻게 판단을 내려야 할까?

이홍은 무죄 추정의 원칙을 주장한 적이 있었다. 고구려를 원정할 때 조정에서는 사병들이 제시간에 오지 않을 시에는 무조건 도망친 것으로 간주해 온 가족을 노비로 삼겠다고 규정했다. 이홍은 상소문을

---

6 이 때문에 이홍이 병사했다고 생각하는 학자도 있다. 레이자지, 『무측천전』 참고.

7 뤼쓰몐呂思勉은 『수당오대사』에서 "이홍이 두 공주의 결혼을 청했다고 해서 무황후가 화가 나 그를 죽이기까지야 했겠는가? 또 그때 섭정을 도모하던 그녀가 어찌 이홍에게 저지당할 수 있었겠는가? 무황후가 이홍을 죽였다는 것은 거의 믿을 수 없다"고 말했다.

올려 이에 반대했다. 그 유창한 글에서 그는 사병이 제때 도착하지 못할 여러 가지 가능성을 지적했다. 도중에 병이 날 수도 있고, 배가 조난을 당할 수도 있고, 도적을 만나 다칠 수도 있었다. 이런 것을 선별할 수 없다면 아예 아무것도 묻지 않는 것이 낫다고 했다.

그렇다. 잘못한 천 명을 놓칠지라도 결백한 한 명을 잘못 탓할 수는 없는 것이다.[8]

이것이 바로 이홍의 관점이었다. 더구나 그가 누이들의 권리를 대신 주장해준 것은 죽기 4년여 전의 일인데 무측천이 어떻게 그것 때문에 그를 죽일 마음을 품었겠는가? 사실을 존중하기 위해, 또 이홍의 가치관을 존중하기 위해 우리는 그가 병사했다고 보는 편이 가장 낫다.[9]

어쨌든 너그럽고 우애로웠던 이홍은 죽었다. 하지만 그것은 당나라의 불행이었을 뿐, 꼭 무측천의 불행은 아니었다. 하늘이 그 말 안 듣는 송아지의 영혼을 거둬간 덕에 그녀는 식품 안전을 고려해야 하는 품을 덜었다. 게다가 그녀에게는 아들이 세 명이나 더 있어서 밑천이 넉넉했다. 그렇다. 이홍이 없어도 이현李賢이 있었고, 이현이 없어도 이현李顯과 이단이 있었다. 이들은 모두 그녀 수중의 바둑알과도 같아서 거리낄 게 전혀 없었다.

그래서 그녀는 장회章懷태자 이현李賢을 매몰차게 폐할 수도 있었다.

8 위에 서술된 이홍의 이야기는 모두 두 『당서』 「이홍전」 참고.

9 『구당서』 「효경황제홍전」에 따르면 이홍이 두 공주의 권리를 주장해준 것은 함형 2년(671) 정월이나 그보다 조금 뒤였다. 이홍이 죽은 것은 상원 2년(675) 4월이었다. 『신당서』 「무측천황후전」과 「효경황제홍전」 그리고 『자치통감』 202권 상원 2년 4월 항목은 서로 4년 넘게 떨어져 있는 이 두 사건을 고의로 연결하여 모함을 한 혐의가 없지 않다. 이 역사적 사실은 후지胡戟가 『무측천본전』에서 지적한 뒤로 더는 의문시되지 않는다. 하지만 이는 『신당서』와 『자치통감』의 견해를 받아들일 수 없음을 증명할 뿐이지, 이홍이 무측천에게 살해되지 않았음을 100퍼센트 증명하지는 못한다. 그래서 나는 신중한 태도를 유지했다.

태자를 또 폐하다

이현은 5년간 태자였다가 폐위되었다.[10]

그는 고종 재위 기간에 두 번째로 폐위된 태자였다. 하지만 처음 폐위된 이충은 서자였고 이현은 엄연한 적자였다. 더욱이 이현은 적장자 이홍이 죽은 뒤 서열에 따라 뒤를 이었으므로 의심받을 여지 없는 합법성을 갖고 있었다. 그래서 아니 땐 굴뚝에 연기 날 리 없다는 식의 소문이 궁정 안팎에 널리 퍼졌다. 이현이 무황후의 아들이 아니라 그녀의 언니 한국부인과 고종 이치 사이에서 태어난 사생아라는 것이었다.[11]

물론 다들 몰래 귓속말을 나누었을 뿐이었다.

그런 유언비어가 어디에서 비롯되었는지는 아무도 모른다. 저작권을 보호해주고 싶어도 저작권자를 알 길이 없다. 유언비어의 전파자는 역시 비천한 신분의 궁녀들이었다. 무황후가 소외였던 시절에 그녀들이

113 맡은 역할을 생각하면 아무래도 처음 소문을 흘린 사람이 무황후가

---

10 이현李賢은 상원 2년(625) 4월에 태자가 됐다가 영륭 원년(680)에 폐위되었다.
11 아래의 서술은 별도의 주석 없이 모두 두 『당서』 「장회태자이현전」 참고.

아닌지 의심이 들 만하다. 하지만 그게 그녀에게 무슨 이점이 있었는지가 불확실하다.

무황후가 이현을 폐하기 위해 여론을 조작했을 리는 없다.

이현이 소문의 생산자이자 전파자였을 가능성은 더더욱 없다. 정반대로 그는 예전부터 그 소문 때문에 전전긍긍했다. 하지만 존귀한 태자로서도 어쩔 도리가 없어 속으로 허튼 의심이나 하고 있었다. 무황후는 그런 아들이 못마땅해서 나중에 폐위될 때까지 갖가지 질책과 훈계를 대놓고 하곤 했다.

사실 직접적인 원인은 어떤 살인 사건이었다.

피살된 사람의 이름은 명숭엄明崇儼이었다. 그는 악인 또는 사교邪敎의 인물로서 각종 요술에 정통해 고종과 무황후의 신임을 얻었고 궁정에 출입하며 조정 일에 관여하는 동시에 관직까지 얻었다고 한다. 그리고 사람들을 현혹하던 이자는 알 수 없는 이유로 인해 태자 이현李賢보다 이현李顯과 이단이 더 제왕의 자질을 가졌다고 주장했다. 이것은 당연히 심각한 이간질과 선동이었다. 그래서 그가 피살되자마자 즉시 태자 이현이 유력한 혐의자로 지목되었다.[12]

그러나 이현에게 동기가 있었을 뿐 증거는 나오지 않았다.

증거가 없으니 조용히 넘어갈 수밖에 없었다. 사실 명숭엄이 피살된 것은 의풍儀風 4년(679) 5월이고 이현이 폐위된 것은 이듬해 8월이어서 1년 3개월의 간극이 있다. 그리고 명숭엄이 피살된 지 닷새 만에 태자

---

12   명숭엄의 사적은 『구당서』 「명숭엄전」 참고.

이현이 명을 받아 국사를 관장했으므로 그 사건의 심리는 분명히 그때 이뤄졌을 것이다.[13]

주관 부서가 어디였는지, 탐문 과정이 어땠는지는 이미 알 도리가 없다. 다만 마지막에 도둑에게 살해된 것으로 사건이 종결되었다고만 알려져 있다. 도둑이 물건을 훔치다가 살인했는지, 아니면 그자가 본래 암흑계 인물과 원한 관계가 있었는지도 전혀 알 수 없다. 하지만 그렇다고 무황후가 완전히 의심을 거뒀다고는 볼 수 없다. 여러 가지 징후를 보면 그녀는 이미 태자를 폐하기로 결심했던 게 분명하다. 단지 적당한 기회가 오기만 기다리고 있었다.

그 기회는 이현 스스로 만들었고 또 그의 수하가 제공했다.

이현은 본래 뛰어난 인물이었다. 무측천의 네 아들 중 가장 뛰어난 아들은 앞의 두 명이었다. 형 이홍은 너그럽고 우애가 있었으며 동생 이현은 똑똑하고 학문을 좋아했다. 그가 유명한 학자들을 모아 편찬한 『후한서後漢書』의 주석서는 아직까지도 사학계의 명저로 꼽힌다. 게다가 임시로 국정을 관장하면서 성실하고 너그러운 면모를 보여 고종의 마음을 샀고 신하와 백성에게도 호평을 받았다.[14]

하지만 이현은 다른 귀족 자제와 마찬가지로 방탕한 생활을 즐겼다. 심지어 집안의 노비와 동성애까지 한 것으로 보인다. 태자 아래에 있던 정6품 간관이 이를 보다 못해 조정에 글을 올려 간언했다. 그 간관과 그의 부친은 모두 전시殿試(과거 제도 중 황제가 궁전의 대전에서 친히 주재하는

115

---

13 『구당서』 「고종기」에 따르면 명숭엄이 피살된 것은 의봉 4년 5월 임오일이었다. 닷새 뒤에 태자 이현이 임시로 국정을 맡았고 6월 신해일에 연호가 조로로 바뀌었다.
14 레이자지, 『무측천전』

최고의 시험) 급제자 출신으로 인품과 학문이 두루 뛰어났다. 더욱이 그의 부친은 정8품 감찰어사일 때 정3품의 중서령 저수량을 탄핵한 적도 있었다.[15]

부자가 다 그렇게 정의파였으니 간언은 사실이었을 가능성이 크다. 진귀한 보물이라도 얻은 것처럼 무황후는 즉시 황제에게 명을 내리게 해, 중서시랑 설원초薛元超와 문하시랑 배염裴炎, 어사대부 고지주高智周가 손을 잡고 철저히 조사하게 했다.[16]

그 결과, 과거에 장손무기가 민사 사건을 정치 사건으로 만들었듯이 이번에는 치정 사건을 모살 사건과 모반 사건으로 판정했다. 이현의 그 동성애자 노비는 자기가 태자의 사주를 받아 명숭엄을 암살했다고 자백했으며 또 관련 부서는 마구간에서 수백 점의 갑옷을 찾아냈다. 이현은 입이 백 개라도 해명할 방법이 없어 꼼짝없이 죽기만을 기다리게 됐다.

고종은 당연히 믿기 힘들었다. 공주도 모반하고, 외숙도 모반하고, 폐태자도 모반하고, 현임 태자까지 모반을 했다니. 한 나라의 황실에서 모반하는 사람이 이렇게 많을 수 있단 말인가? 하지만 안타깝게도 그는 무고를 밝힐 줄 몰랐고 그저 사정할 줄만 알았다. 물론 무측천은 단칼에 거절했다.

"사람의 자식으로서 부모를 해치려 꾀했으니 천리天理가 용납하지 않습니다. 대의멸친大義滅親이 마땅하지, 어찌 너그럽게 봐주겠습니까!"

116

---

15 『구당서』「위사겸전」과 첨부된 「위승경전」 참고.
16 당시 배염의 직위는 황문시랑黃門侍郎이었고 실제로는 문하시랑이었다.

그래서 이현은 평민으로 전락했다.

그날은 조로調露 2년(680) 8월 20일이었다. 사흘 뒤에는 이철李哲로 개명한 이현李顯이 태자로 세워졌고 동시에 영륭永隆으로 연호가 바뀌었다. 이현의 집에서 나온 갑옷은 낙양성 밖의 천진교 남쪽에서 많은 청중 앞에서 불태워졌다. 사람들을 깜짝 놀라게 한 그 희대의 사건은 그

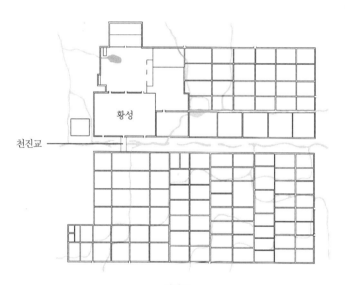

천진교

천진교는 낙양성 내 핵심 지역에 있었고 낙수洛水를 건너는 교통의 중추로서 통행량이 많아 매우 번화했다. 무주 시기에 천진교 남쪽은 중요한 공공장소이자 여러 정치적 사건의 발생지였다. 훗날 장씨 형제 사건이 일어나 그들의 목이 내걸린 곳도 여기였다. 갑옷을 천진교 남쪽에서 불사른 것은 중요한 선전 효과와 상징적 의미가 있었다.

렇게 신속히 종결되었다.[17]

하지만 이 사건은 대단히 미심쩍다.

우선 명숭엄은 정말 태자의 사주를 받은 노비에게 살해되었을까? 알 수 없다. 자백만 있고 증거가 없었기 때문이다. 더구나 그 자백도 의심스러웠다. 심문관이 물은 것은 본래 그와 태자의 성관계였는데 왜 살인을 자백한 걸까? 그 동문서답은 스스로 한 걸까, 아니면 누가 암시한 걸까? 만약 스스로 한 것이라면 불륜이 살인으로 바뀌어 죄가 더 중해지지 않는가? 유도 심문의 결과라면 누가 그런 일을 꾸민 것일까?

그다음으로, 마구간에 갑옷이 숨겨져 있다는 단서는 누가 제공한 걸까? 설마 또 그 동성애자 노비였을까? 그렇다면 그는 정말 죽음을 자초한 것이다. 살인은 불륜보다 죄가 크고 모반은 더욱 크다는 것을 알아야 한다. 그리고 명숭엄 한 명을 죽이기 위해 몇백 점의 갑옷을 숨길 필요까지는 없다. 하지만 단서가 없었다면 관련 부서가 어떻게 수색을 하고 또 수색할 엄두를 냈겠는가? 현임 태자의 관저를 마음대로 드나드는 것은 불가능한 일이었다.

셋째, 역시 가장 의심스러운 일은 그 사건을 왜 세 기관이 합동으로 심리하게 했느냐는 것이다. 중서성과 문하성의 차관이 감찰 부서의 장관과 회동하여 법정을 구성했고 더욱이 그 세 명의 심판관은 모두 재상으로서 국무위원을 겸임하거나 역임했으니 그런 진용은 대단히 큰 사건을 심리하는 데나 어울렸다. 고작 풍기문란 사건을 처리하기 위해

---

17 이상은 『자치통감』 202권 영륭 원년 8월 항목 참고.

그렇게 야단법석을 떨 필요가 있었을까?[18]

역시 무황후가 작은 일을 크게 만들 생각이었다고밖에 설명이 안 된다.

그러면 도대체 왜 그랬을까?

명숭엄 때문에 그러지는 않았을 것이며 적어도 그가 이유의 전부는 아니었을 것이다. 만약 그랬다면 진작에 손을 썼을 것이다. 이 건은 역시 목적이 다른 데 있었다. 사실 명숭엄이 진짜로 그 노비에게 살해당했고 갑옷도 이현이 숨겨놓은 게 맞더라도 그것은 살인교사죄와 무기은닉죄일 뿐이지 모반죄는 아니다. 갑옷 수백 점으로 무슨 모반을 하겠는가? 또 태자의 신분으로 굳이 왜 모반을 하겠는가? 곧 폐위를 당할 신세가 아니라면 말이다.

그러면 황제와 황후는 그를 폐하겠다고 한 적이 있을까?

없었다. 이현은 모반할 이유가 전혀 없었던 셈이다.

하지만 무황후는 그가 모반했다고 확정했다. 모반은 용서받지 못할 대죄이므로 그가 목숨이라도 보전한 것은 단지 '미수'에 그쳤기 때문일 것이다. 하지만 그 불쌍한 폐태자는 결국 제명을 다하지 못했다. 폐위된 지 3년 반 만에 무황후가 갑자기 장군을 보내 연금 상태를 강화했으며 그 장군은 이현을 가두고 자살을 강요했다. 이현은 부득이 세상과 작별할 수밖에 없었다. 당시 그의 나이는 31세였다.[19]

119　무측천은 당연히 그 일이 자신의 지시로 이뤄진 것을 인정하지 않았

18　『구당서』「고종기하」에 따르면 그 세 사람이 재상을 겸임한 시점은 설원초가 의봉 원년(676) 3월이고 고지주는 동년 6월이었으며 배염은 조로 2년(680) 4월이었다. 하지만 고지주는 조로 원년(679)에 재상을 그만두었다.

19　이현이 죽은 시기와 나이에 관해서는 여러 의견이 있다. 여기서는 레이자지, 『무측천전』 참고.

다. 그래서 "혼자 결정해서 단행했다"는 그 장군은 외지로 좌천하고 이현에게는 옹왕雍王을 추서했다.

그것은 영락없는 위선이었다. 좌천당한 그 장군은 금세 본래의 관직을 되찾았고 이현의 가족은 계속 박해를 당했기 때문이다. 훗날 빈왕邠王으로 봉해진 이현의 한 아들은 심지어 일기예보 기술을 익혔다. 그가 비가 온다고 하면 하늘이 쨍쨍해도 곧 비가 왔고 하늘이 맑다고 하면 먹구름이 끼어 있다가도 곧 하늘이 맑아졌다. 다만 빈왕이 그 능력을 선보인 것은 20~30년 뒤인 현종 시대였다. 그때 현종이 궁금해서 그에게 물었다.

"빈 형님은 무슨 기이한 술법이라도 알고 계신 겁니까?"

"그런 것은 없습니다. 선친의 일로 인해 신도 궁중에 십수 년간 갇혀

석굴 속의 황자皇子
쓰촨성 광위안의 황택사皇澤寺에 있는 당나라 석굴 안에는 공양하는 사람의 특이한 형상이 있다. 관복과 관모를 착용하고 합장한 채 대불大佛 발치에 무릎을 꿇고 있으며 형상이 매우 작고 표정이 경건하다. 이 형상이 이현을 상징한다고 보는 관점도 있다. 그가 일찍이 석굴 공사를 맡은 적이 있어서 공양하는 사람이 부처의 가호를 구하는 형상으로 표현되었다는 것이다.

살았고 매년 몇 번씩 매질을 당했습니다. 그래서 비가 오기 전이면 꼭 등이 아프고 날이 갤 것 같으면 나아집니다. 신은 온몸이 상처투성이어서 이것으로 날씨를 아는 것이니 기이한 술법 같은 것은 모릅니다."

말을 마치고 빈왕은 눈물로 얼굴을 적셨다. 현종도 비 오듯 눈물을 흘렸다.[20]

확실히 여기에는 이해 안 가는 점이 너무 많다.

이치대로라면 이현은 무황후와의 관계가 이홍보다 좋아야 마땅했다. 이홍은 그녀에게 대들고 비판의 말을 날리곤 했지만 이현은 그렇지 않았기 때문이다. 나아가 이현이 폐위된 뒤, 무황후는 동기가 무엇이었든 간에 이미 목적을 이뤘는데도 왜 여러 해 연금되어 있던 그를 죽이고 그의 아들(그녀의 손자이기도 했다)한테까지 그렇게 잔인하게 굴었을까? 설마 이현이 정말로 한국부인의 사생아였던 걸까?[21]

하지만 정말 그랬다면 손을 쓰는 시점은 명숭엄이 피살된 날이어야 했다. 어쨌든 증거의 진위 따위는 중요치 않았는데 왜 후딱 일을 처리하지 않았을까? 이현의 죽음은 왜 3년 반 뒤로 미뤄진 걸까? 아무래도 무측천이 우선 정치적 동물이었고 그다음에야 여인이자 어머니여서 그랬다는 설명을 할 수밖에 없다. 그녀에게 사사로운 정이 가장 중요했던 적은 없었다. 따라서 이 일련의 수수께끼는 역시 정치적 배경과 연결해야 비로소 해결할 수 있다.

---

20 두 『당서』 「장회태자이현전」에 첨부된 「빈왕수례전邠王守禮傳」 참고.
21 뤼쓰몐은 『수당오대사』에서 "무황후는 잔인하긴 했지만 그래도 어머니가 스스로 자기 아들을 죽인다는 얘기는 들어본 적이 없다. 그러므로 이현이 한국부인의 자식이었다는 말은 아마도 모함이 아닐 것이다"라고 말했다.

황제 교체

이홍이 죽은 시점으로 다시 돌아가 이야기를 해보기로 하자.

증거에 따르면 황태자 이홍이 죽기 전, 고종은 그에게 양위할 생각이 있었다. 아마도 자신의 상황이 날로 안 좋아졌기 때문일 것이다. 이홍이 죽기 한 달 전에는 고종의 병이 너무 심해 국정을 돌볼 수도 없을 정도였다. 선양禪讓을 하겠다는 생각은 틀림없이 이때 싹텄을 것이다. 하지만 아들이 자신보다 한발 앞서가는 바람에 고종은 어쩔 수 없이 이홍에게 효경孝敬황제라는 시호를 추증했으니, 어쨌든 자기 생각을 실행하기는 한 셈이었다.[22]

그런데 무황후는 오만 가지 생각이 다 들었다.

그렇다. 15년 동안 정치는 이미 그녀 삶의 일부가 되었고 병약한 황제와 사는 것보다 더 그녀를 흥분시켰다. 그래서 그녀는 무슨 선양 같은 것은 전혀 반갑지 않았다. 선양 후 황제가 태상황이 되면 그녀는 태

---

22 『구당서』「고종기하」에 따르면 상원 2년(675) 3월, 고종이 풍진 때문에 정무를 보지 못해 무황후가 다 처리했다고 한다. 하지만 이 책에서 그때 고종이 무황후에게 섭정을 맡긴다는 조칙을 발표하려 했다고 한 것은 오류다(뒤에 상세히 설명했음). 4월에는 이홍이 세상을 떠났다. 고종이 이홍에게 양위를 하려고 한 일은 「황태자시효경황제제皇太子諡孝敬皇帝制」와 「효경황제예덕기孝敬皇帝睿德記」참고.

상황후가 될 수밖에 없었다. 태상황후가 돼도 새 황제 뒤에 앉아서 수렴청정을 할 수 있을까? 안타깝게도 그런 예는 없었다.[23]

그렇다. 황제가 물러나는데 어떻게 황후가 계속 조정에 눌러앉는단 말인가?

태상황후보다는 차라리 황태후, 심지어 태황태후가 되는 게 나았다.

하지만 그러려면 피살될 사람은 이치여야 했다. 이홍을 살해하는 것은 의미가 없었다. 이홍이 죽어도 또 이현이 있기 때문이었다. 이현은 이미 21세였고 기력이 왕성한 데다 똑똑하기까지 했다. 따라서 무황후에게 가장 이상적인 상태는 황제 이치와 태자 이홍이 다 병약하기는 해도 죽지는 않은 채 모든 정무를 자신에게 넘기는 것이었다.

그것이야말로 무황후가 바라는 바였다.

애석하게도 사람의 계산은 하늘의 계산을 따라가지 못한다. 이홍은 죽었고 이현이 순서대로 뒤를 이었다. 이것은 역사에 완충기를 제공했으며 황후에게도 기회를 제공했다. 이현이 태자 자리를 이은 지 1년도 안 됐을 때, 병이 더 심해진 고종이 이현의 경험 부족을 고려해 황후에게 정식으로 섭정을 맡기겠다고, 심지어 그녀를 황제 자리에 앉히겠다고 밝혔다. 상원 3년(676) 4월이었다.[24]

재상들은 깜짝 놀랐다. 별의별 일을 다 겪었지만 이런 황당한 일은 처음이었다. 중서령 학처준과 중서시랑 이의염李義琰이 분명하게 반대를 표시하며 두 가지 이유를 들었다. 첫째, 남자는 바깥일을 주관하고 여

---

23 현경 5년(660) 6월, 고종이 중풍에 걸려 무황후가 국정을 주관하기 시작했다. 인덕 원년(664) 3월에 황제와 황후가 동시에 국정에 참여했다. 상원 2년(675) 4월, 황태자 이홍이 사망했다.

24 이 일의 발생 시점에 대해서는 정사마다 기록이 다르다. 『구당서』 「고종기」와 「학처준전」은 심지어 서로 모순되며 『당회요』 「식량상識量上」은 의봉 원년, 즉 상원 3년 4월이라고 적고 있다. 후지의 『무측천본전』은 상원 3년 정월부터 4월 사이라고 말하며 『자치통감』의 상원 2년 3월은 일부러 독자를 오도해 이홍이 그 일로 무측천에게 독살되었음을 암시한 것이라고 추측했다. 여기서는 이 관점에 동의하긴 하지만, 이의염이 신임 국무위원이 된 것이 상원 3년 4월인 것을 감안해 그해 4월로 판단했다.

자는 안의 일을 주관하니 뒤바뀌어서는 안 된다. 둘째, 천하는 역대 조상들의 것이지 이치 자신의 것이 아닌데 어떻게 사사로이 주고받을 수 있는가?[25]

중서령은 당연히 재상이었고 이의염도 신임 국무위원이었다. 그들이 중서령의 장, 차관 겸 현직 재상의 신분으로 나란히 레드카드를 꺼내 든 데다 이에 대한 반응도 뜨거웠으므로 고종은 다시 생각하지 않을 수 없었다.[26]

고종의 양위에 관한 논의는 그렇게 흐지부지되었다.

무측천이 당시 어떤 태도를 보였는지 알 수 있는 기록은 어디에도 없다. 하지만 예민한 정치적 후각의 소유자였던 그녀가 아무 생각도 없었을 리는 만무하다. 그 일은 적어도 그녀에게 집권을 위해서는 꼭 수렴청정에만 의지할 게 아니라 스스로 황제가 될 수도 있다는 것을 알려주었다. 단지 그녀가 황제가 되는 것뿐만 아니라 황권을 대리하는 것조차 재상들과 태자 세력은 결코 동의해줄 리가 없었다.[27]

확실히 공개적으로 섭정하는 것은 반대자가 있었고 스스로 황제가 되는 것은 더더욱 곤란했다. 어쨌든 반발을 초래할 게 뻔했고, 또 반대파 및 강경파와 생사의 결전을 치러야 하는 것도 뻔했다고 한다면 무측천은 어떤 선택을 했을까?

당연히 스스로 황제가 되는 것을 택했다.

그래서 그녀가 이현을 보는 눈빛은 이홍을 보던 것과는 크게 달랐 124

---

25 두 『당서』 「학처준전」

26 이의염의 신분은 정사의 기록이 모호해서 사실 판단하기 어렵다. 레이자지는 『무측천전』에서 그가 당시 이미 '동중서문하삼품'의 직함을 지닌 재상이었다고 말했으며 후지는 『무측천본전』에서 그가 사후에 재상직을 맡았다고 말했다. 여기서는 임시로 레이자지의 의견을 따르기로 한다.

27 학처준은 태자빈객太子賓客을 겸했고 이의염은 태자우서자太子右庶子를 겸했으므로 역시 태자의 세력에 속했다.

다. 이홍은 말을 잘 안 들었을 뿐이지만 이현은 적의 바둑알이었다. 실제로 명문가 출신의 그 두 재상은 이미 고종에게 의견을 표명했다.

"폐하는 종묘를 지켜 자손에게 전하셔야 합니다."

그 말의 숨은 뜻은 매우 분명했다. 누가 섭정을 하더라도 그 사람은 반드시 태자 이현이어야 한다는 것이었다.

이현은 이렇게 걸림돌이 되었다.

그리고 바로 그때 명승엄이 말썽을 일으키기 시작했다. 스스로 점술에 능하다고 했던 그자는 놀랄 만한 비밀을 발견했던 것 같다. 달이 차지 않아서, 또 엄동설한에 무측천이 소릉昭陵에 가던 길이어서 진짜 이현은 태어난 당일에 죽었고 바로 고종과 한국부인의 사생아로 바꿔치기를 당했다고 주장했다. 무측천이 그것을 알았는지 몰랐는지는 알 방법이 없다.[28]

우리는 명승엄 같은 부류의 인물이 은밀한 일을 엿듣거나 소문을 만들어내는 데 능하다는 것을 잘 알고 있다. 그리고 무측천이 그에게서 이현이 왜 황위를 계승할 수 없는지 들었을 때 어떤 느낌이었을지 상상하기 어렵지 않다. 하물며 당시는 이현이 그녀의 길에 방해가 되고 있을 때였다. 결국 어쨌든 간에 이현은 꼭 폐위되어야 했으며 남은 문제는 그저 폐위와 살해의 시기 정도였다.

이 점에 관해서는 상세한 시간표를 볼 필요가 있다.

125 고종이 무황후에게 양위하겠다고 제안했을 때부터 명승엄이 피살

---

28 이 가능성은 후지 선생이 『무측천본전』에서 제시했다. 이현이 영휘 5년(654) 12월 17일에 태어난 것을 감안하면 정말로 그랬을 수도 있으며 적어도 참고할 가치는 있다. 이 비밀을 명승엄이 알아내고 무측천에게 알렸다는 것은 순전히 나의 추측이며 증거는 없으므로 독자들은 그냥 흘려들어도 무방하다. 그런데 『구당서』 「명승엄전」에 따르면 명승엄이 정간대부正諫大夫가 되어 입궁해서 봉직한 것이 바로 의봉 2년(677)이었고 또 그는 이현이 황위를 계승할 수 없다고 "사적으로 아뢰었으므로私奏", 그가 이현의 비밀에 관한 소문을 몰래 퍼뜨리고 심지어 고의로 조작했다고 의심할 만도 하다.

연도	연호	월일		사건
671	함형 2년	정월		태자 이홍이 장안에서 잠시 국정을 주관
		동월 또는 직후		이홍이 두 누이의 권리를 주장해줌
674	상원 원년	8월 15일		고종은 천황으로, 무황후는 천후로 개칭
675	상원 2년	3월		고종이 중병으로 국사를 못 봄
		4월	7일	조비가 죽은 채 발견됨
			25일	태자 이홍 사망
		6월 3일		이현이 뒤를 이어 태자가 됨
676	상원 3년	4월		고종이 무황후에게 양위하겠다고 제안
677	의봉 2년	불상		명숭엄이 입궁하여 관직을 얻음
679	조로 원년	5월		명숭엄 피살
680	조로 2년	8월	20일	이현이 폐위되어 평민이 됨
			21일	이현(이철)이 태자로 세워짐
683	홍도 원년	12월	4일	고종 사망
			11일	이철이 황위를 계승
684	사성 원년	2월	6일	이철이 폐위됨
	문명 원년		7일	이단이 새 황제가 되어 연호가 문명文明으로 바뀜
			15일	무태후가 섭정을 맡음
			27일	이현 피살
	광택 원년	9월 6일		연호가 광택으로 바뀌고 전면적인 제도 개혁

서기 671~684년의 관련 사건 일람표

되었을 때까지가 딱 3년이다. 그리고 명숭엄이 입궁해 관직을 받은 것
이 그 3년 중 두 번째 해였다. 그 후에 이현의 출생 비밀이 황후와 태
자 사이에 응어리가 되었으니 태자가 정말로 명숭엄을 청부살인했을
가능성도 아주 없다고는 할 수 없다. 그때 무측천이 즉시 이현을 처리
하지 않은 까닭은 아마도 혐의를 피하기 위해서였을 것이다. 나중에
그 살인 사건을 다시 끄집어내 죄명을 모반죄로 확대하기는 했지만
말이다.

그쯤 되어서는 어머니와 아들, 둘 다 굳이 말하지 않아도 서로의 속
마음을 읽고 있었을 것이다. 이현이 무측천의 친아들이었든 양자였든,
그는 계속 태자 자리에 있는 것이 불가능했다. 하지만 목숨은 부지할
수도 있었다. 그가 끝내 피살된 것은 큰일이 일어났기 때문이었다.

그 큰일은 바로 고종의 붕어와 새 황제의 폐위였다.

고종은 당연히 병사했다. 홍도弘道 원년(683) 10월, 그의 병세는 두통
으로 머리가 깨질 듯하고 두 눈이 멀 정도로 위중해졌다. 어의가 침을
놓아 다소 호전되긴 했지만 12월 4일까지 버티다가 끝내 숨을 거뒀다.
향년 56세였다. 그가 남긴 유언은 세 가지였다. 태자가 황위를 잇게 하
고 장례는 간소하게 치르며 결론 나지 않은 큰일은 황후에게 물으라는
것이었다.[29]

12월 11일, 그러니까 고종 사망 7일째에 이철로 이름을 바꾼 태자
이현李顯이 영구 앞에서 즉위했다. 당시 28세였던 그가 바로 중종中宗이

---

29 두 『당서』 「고종기」와 『신당서』 「측천무황후전」, 『당대조령집』 11권 참고.

다. 무측천도 황후에서 태후가 되었다.

중종 이철은 명숭엄에게 태종과 가장 흡사하다는 아부를 들었지만 실제로는 아예 황제 재목이 아니었다. 그의 첫 번째 인사 결정은 뜻밖에도 늙은 장인인 위현정韋玄貞의 문하성의 장관 임명이었다. 이 결정이 수상 겸 고명대신인 배염의 반대에 부딪치자 새 황제는 히스테리컬하게 말했다.

"이 나라는 짐의 것이다. 천하를 통째로 그에게 준다 해도 대단할 게 없는데 고작 시중으로 임명한 게 뭐가 대수란 말이냐?"

무태후는 대로했고 신속하게 폐위를 단행했다.

사성嗣聖 원년(684) 2월 6일, 중서령 배염, 중서시랑 유위지劉褘之, 우림羽林장군 정무정程務挺 등이 군사를 이끌고 입궁해 황태후의 명령을 낭독하여 황제 이철을 여릉왕廬陵王으로 강등했다. 이철은 아직 꿈에서 못 깬 듯, 부축을 받아 어전을 내려오면서 멍한 어조로 물었다.

"제가 무슨 죄를 지었습니까?"

태후가 코웃음을 쳤다.

"천하를 위씨에게 준다고 해놓고서 죄가 없다고?"

이철은 말문이 막혔다.[30]

그때는 이철이 황제의 보좌에 오른 지 채 두 달도 안 된 시기였으며 그 후로 그는 자유를 잃었다. 수도에서 쫓겨나 지금의 후베이성 단장커우丹江口의 낡은 집에 연금되어 눈물과 두려움의 나날을 보냈다. 그 집

이상은 두 『당서』 「배염전」과 『자치통감』 203권의 광택 원년 정월과 2월 항목 참고.

은 과거에 그의 백부 이태가 살던 곳이었다. 이태가 태자 자리를 뺏으려다 실패해 이치는 황제가 되었다. 하지만 이철은 누구와 황위를 놓고 다툰 적도 없는데 왜 그곳에 갇힌 것일까?

그것은 그의 어머니 무태후에게 물어봐야 했다.

무태후의 생각은 분명했다. 바로 황권을 자기 것으로 삼는 것이었다. 그 최고 권력을 손에 쥔 지 20여 년이 지났는데 어떻게 선뜻 내놓겠는가? 자기 아들에게 넘기더라도 역시 마찬가지였다. 과거에 네 아들은 그녀가 황후의 보좌를 지키기 위한 중요한 밑천이었지만 이제는 다 성가신 부담이 되었으니 당연히 헌신짝처럼 버려야 했다.

막내 이단은 일이 수월했다. 그는 형이 폐위되고 그 이튿날에 새 황제로 정해졌으며 당시 나이가 23세였다. 5일 뒤, 새 황제는 문무백관을 거느리고 무태후에게 황태후의 존호를 바쳤다. 그리고 3일 뒤에는 무태후가 황태후의 신분으로 이단을 정식으로 황제에 책봉했다. 이 사람이 바로 역사 속의 예종睿宗이다.[31]

이 일련의 절차는 장황하고 이상해 보이지만 사실 섬세하면서도 필수적인 계산의 결과였다. 중국은 예의의 제국이어서 권력의 인수인계도 반드시 예의에 부합해야 했다. 황제를 태후가 정식으로 책봉했다는 것은 그의 집권의 합법성이 태후에게서 비롯되었음을 의미했다. 그래서 태후가 황제를 옆으로 밀어낸 채 직접 국정을 주관하는 것이 합법적이고 합리적인 행위가 되었다.

---

31 『신당서』 「측천황후기」 참고. 구체적인 날짜는 이렇다. 2월 7일, 이단이 황제로 옹립되었고 12일에는 이단이 황태후의 존호를 바쳤으며 15일에는 황태후가 이단을 새 황제로 책봉했다.

절차를 다 끝내고서 무태후는 당당하게 공개적으로 섭정을 했다. 새 황제는 다른 궁전에서 장기간의 유급휴가를 보냈다. 과거에 고종이 무황후에게 시키려다 실패한 일이 이제 손쉽게 실현되었다.

남은 문제는 이현李賢이었다.

이현은 죽는 수밖에 없었다. 그의 생각이 어떻든 불가피하게 누군가의 공격 무기로 이용당할 수 있었기 때문이다. 필경 국가의 통치는 경험 많은 군주가 더 유리한 법이다. 31세의 이현은 23세의 이단보다 더 훌륭한 황제가 될 수 있었다. 더욱이 그가 폐위된 것에 대해 억울함을 호소하는 이도 있었다. 그래서 중종을 폐하고 나서 반드시 이현을 죽여 후환을 없애야 했다.

무측천의 그런 경계심은 옳았다. 적어도 그녀에게는 그랬다. 이현이 죽고 반년 뒤, 누가 그의 기치를 들고 공개적으로 반란을 일으켰다. 반군은 기세등등해서 순식간에 나라를 쪼개고 정권을 뒤집을 것 같았다. 일련의 중대한 변고를 치른 지 얼마 안 된 무태후는 그 새로운 정치적 위기를 잘 넘길 수 있었을까?

양주 반란

태후는 조정에 편안히 앉아 보고를 받았다.

무슨 일인지 곧 명확해졌다. 반군 10만 명이 9월 29일 양주揚州에서 거병했고 우두머리인 서경업徐敬業은 과거에 황후 책봉식을 주재했던 개국공신 이적의 손자로서 이경업이라고도 불렸다.[32]

서경업은 이현이 죽지 않았으며 양주성 안에 있다고 떠들어댔다.

거짓이었다. 이런 속임수는 침착하게 대처하면 저절로 진실이 드러나게 마련이므로 그리 염려할 것은 없었다.

그런데 그들은 천하에 격문을 돌렸다.

이것은 검토가 필요했다. 격문은 일종의 공문서로 군대를 모집할 때도, 천자가 백성을 타이를 때도, 누군가를 성토할 때도 썼다. 서경업의 그 격문은 당연히 무측천을 성토하고 자신의 정의와 정당성을 강조하기 위한 것이었다. 고대 중국의 전쟁은 군사를 일으킨 명분을 대단히

131

중시했으므로 격문을 통해 상대방의 생각을 읽을 수 있었다.

이에 태후가 분부했다.

"읽어보아라!"

누군가를 욕하는 내용이 담겨 있으리라는 것은 안 들어도 알 수 있었다. 과연 처음부터 '불법적으로 조정을 농단하는 무씨'라는 말로 시작되었다.

태후는 남몰래 웃었다.

"불법적으로 조정을 농단한다고? 책임질 수 있는 말인가?"

당연히 인신공격이 이어졌고 과거의 스캔들이 전부 들춰졌다. 고종도 풍기문란으로 비판을 받았다. 물론 그는 유혹을 당한 것이어서 죄의 원흉은 역시 무측천이었다. 고종의 총애를 숨긴 채 후궁의 자리를 차지했고 후궁의 미녀들은 모두 그녀의 질투를 피할 수 없었으며 고종도 그녀의 교태에 미혹되었다는 것이었다.

그다음 내용은 자화자찬이었다. 서경업은 "천하 백성의 실망과 기대로 인해 정의의 깃발을 들고서 사람을 해치는 그 요물을 제거하려 한다"고 주장했다. 그 세력은 강대하여 이미 "남쪽으로는 변경의 백월百越(지금의 장쑤, 상하이, 푸젠, 광둥, 광시, 베트남 북부에 이르는 동남 연해 지역), 북쪽으로는 중원의 삼하三河(지금의 베이징과 톈진의 중간 지역)까지 무장한 기병과 전차가 이어져 있으며" 군대도 위풍당당하여 "말 울음소리가 북풍을 찢고 검의 기세가 하늘의 별까지 솟구치는 동시에 전사의 호통이

산을 무너뜨리고 풍운의 색깔을 바꿀 정도"라고 했다. 이런 세력은 당연히 가는 곳마다 천하무적이어서 "이로써 적을 제압하면 무너뜨리지 못할 적이 없고 이로써 성을 공격하면 점령하지 못할 성이 없다"는 것이었다.

태후는 또 웃었다. 10만 명의 오합지졸로 감히 이런 허풍을 떨다니!

마지막은 선동과 호소였다.

"선제의 무덤이 아직 마르지도 않았건만 우리의 아비 잃은 어린 군주가 어디에 유배되셨는지도 알 수 없다."

동시에 바람도 있었다.

"지금의 화를 복으로 돌려 선제를 잘 보내드리고 지금의 황상을 잘 섬김으로써 함께 황실의 공훈을 세우고 바로잡아 선제의 유명遺命을 저버리지 않는다면, 여러 작위와 상이 산과 강처럼 주어질 것이다."

당부도 빠뜨리지 않았다.

"지금 이 세상이 도대체 누구의 천하인지 똑똑히 보기를 바라노라!"

그런데 갑자기 태후가 멈추라고 하더니 눈빛을 번뜩이며 물었다.

"누가 이 글을 썼느냐?"

"낙빈왕駱賓王입니다."

"재상이 직무에 태만했군."

태후는 말했다.

133 "이런 인재를 어째서 발견하지 못했는가!"[33]

---

33 이 부분의 이야기와 인용문은 모두 『구당서』 「이적전」에 첨부된 「서경업전」 참고. 이 전기에서는 "무측천이 그것을 읽고 빙긋 웃고 말았다"라고 했지만 당시 상황과 앞뒤 문맥을 고려하면 시신侍臣이 낭송한 것으로 보는 게 맞다.

이 부분은 눈여겨볼 필요가 있다.

확실히 낙빈왕은 '초당사걸初唐四杰'(당나라 초기를 대표하는 시인들로 낙빈왕을 비롯해 왕발王勃, 양형楊炯, 노조린盧照隣을 가리킨다) 중의 한 명으로 그의 이 격문은 중국 문학사에서 힘이 넘치는 명문장으로 꼽힌다. 하지만 감상 능력이 남달랐던 무측천이 이 글을 단순히 문학 작품으로 보았을까?

그렇지 않았다. 그녀는 그 안에서 많은 비밀을 간파했다.

가장 뚜렷한 문제는 과장이었다. 고종이 동도東都 낙양에서 붕어한 것은 그 전해 12월 4일이었고 영구가 서쪽 장안으로 돌아온 것은 이듬해 5월 15일이었으며 안장된 것은 8월 11일이어서 서경업이 반란을 일으킨 때로부터 겨우 한 달 보름 전이었다. 따라서 "선제의 무덤이 아직 마르지도 않았건만"이라고 할 만했다. 그러나 이미 중종은 28세였고 예종은 22세였는데 어떻게 '아비 잃은 어린 군주'라고 부를 수 있단 말인가? 지나친 과장이었다!

과장은 문인들의 일반적 폐단이자 전술상의 큰 금기다. 이런 과장된 글을 기본 입장으로 삼은 것 자체가 군사와 정치에 대한 서경업 무리의 무지를 증명했다. 격문의 제목인, "함께 왕을 구하는 군대를 일으켜, 옛 군주의 명을 포기하지 말자共立勤王之師, 無廢舊君之命"를 예로 들어보자. 어느 왕을 구하자는 것이며 옛 군주는 또 누구일까? 만약 예종 이단이면 이 왕은 무사히 잘 있었다. 하지만 중종 이철이면 예종은 어디 134

에 둬야 하는가? 가짜 이현은 또 무슨 카드였을까? 한마디로 치밀하지 못했다.

'요물을 제거하는 것'도 마찬가지였다. 요물은 누구일까? '불법적으로 조정을 농단하는 자' 외에 태후를 따르는 조정의 문무백관 모두가 포함되는 것일까? 마찬가지로 "여러 작위와 상이 산과 강처럼 주어질 것이다"라는 말도 가소롭다. 누가 이기고 누가 질지는 말하기 어려워도 천하가 평정되면 논공행상은 역시 황제의 몫인데 서경업이 무슨 작위와 상을 운운한단 말인가?[34]

흑심을 품고 정권을 노린 것은 그들 자신이 아니었을까?

사실 그들은 몰락한 귀족, 실패한 관료 그리고 실의에 빠진 문인들이 양주에 좌천되어 모인 무리였다. 그래서 강한 듯하지만 속은 물렀고 정의로운 것 같지만 사적인 울분이 많았다. 과연 태후가 직무에 태만했다고 재상을 꾸짖을 만했다. 만약 낙빈왕이 좋은 벼슬을 구했다면 그의 뛰어난 필력은 사나운 격문이 아니라 듣기 좋은 송가를 쓰는 데 발휘됐을 것이다.

아마 이 정도가 무측천이 그 격문에서 읽어낸 정보일 것이다.

"이자들은 염려할 필요 없다!"

태후는 확신했다. 그 말이 옳았다. 서경업의 무리는 기반이 부실해서 상대하기가 어렵지 않았다. 그래서 태후는 신속히 30만 대군을 소집하여 전방의 전투는 지휘관 이효일李孝逸과 감군監軍 위원충魏元忠에게 다

135

---

34 왕을 구하는 것과 요물을 제거하는 것에 관한 분석은 레이자지가 『무측천전』에서 제시했다.

맡기고 자기는 계속 바쁘게 조정 사무만 보았다.

결과는 예상대로였다. 서경업의 거창한 도박과 낙빈왕의 바람몰이는 큰 호응을 얻지 못했으며 반군도 연달아 실수를 범했다. 결국 그 두 사람의 목이 그들의 부장에게 베여 낙양으로 보내짐으로써 양주 반란은 겨우 45일 만에 막을 내렸다. 반란 진압 과정은 기본적으로 순탄해서 제국의 군대가 진짜 창검으로 한 차례 대규모 군사 훈련을 실시한 것이나 다름없었다. 만약 낙빈왕의 그 걸작이 없었다면 사람들은 그런 전쟁이 있었는지조차 몰랐을 것이다.

하지만 그래도 성찰은 필요하다.

승패의 원인은 단순했다. 서경업은 무엇보다도 자신 때문에 패했다. 그의 동기가 정말로 당 황실의 위기를 해결하고 황제를 구하는 것이었다면 군사 위사온魏思溫의 건의대로 군대를 서쪽으로 이동시켜 직접 낙양을 취해야 했다. 만약 그랬다면 천하의 민심을 얻어, 설령 패했어도 영광스러운 죽음을 맞았을 것이다. 그러나 안타깝게도 서경업의 본심은 할거해 어느 지역의 왕이 되는 것이었다. 그래서 윤주潤州(지금의 장쑤 성 전장鎭江)로 남하했지만 끝내 땅도 인망도 다 잃고 말았다.[35]

반대로 무측천은 우세가 뚜렷했다. 우선 그녀는 중앙정부를 대표했고 도덕적 우위를 점했다. 그다음으로, 천하가 오래 평화로워 제국은 인심을 널리 얻었으며 백성은 결코 동란을 원치 않았다. 이어서 셋째, 감군 위원충이 충성스럽고 지략이 뛰어나서 결정적일 때 중요한 역할

을 했다. 그리고 마지막은 그녀가 수양제에게 감사해야 하는데, 양제가 개통한 대운하가 군대의 이동과 식량 보급을 보장했다.[36]

누가 이기고 누가 질지 한눈에 빤히 보였다.

그런데 이쯤에서 새로운 의문이 떠오른다. 힘의 강약이 이렇게 뚜렷한데 서경업은 무슨 배짱으로 감히 반란을 일으켰을까? 이른바 "천하 백성의 실망과 기대로 인해" 반란을 일으켰다고 했는데, 설마 이것은 그저 선전에 불과했을까? 그리고 왜 더 이르지도 늦지도 않게 하필 9월 29일에 반란을 일으킨 걸까? 혹시 그전에 무슨 일이 있었던 걸까?

그랬다.

첫 번째 일은 당연히 중종의 폐위와 예종의 즉위 그리고 태후의 집권이었다. 하지만 이것은 당시 공분을 일으키기에는 부족했다. 어쨌든 이단도 고종의 적자였으며 태후의 집권은 아직까지는 과도기적 형태일 뿐이었기 때문이다(이어서 상세히 설명할 것이다). 따라서 그해 2월에 생긴 일은 양주 반란을 일으킨 직접적인 원인이었을 리가 없다.

그렇다면 결정적인 날은 언제였을까?

고종을 안장한 지 한 달도 안 된 9월 6일이었다. 그날 무태후는 일련의 조칙을 반포하여 대대적인 조정 개혁을 개시했다.

개혁은 아래와 같이 거의 전면적이었다.

연호를 광택光宅으로 바꾸고 천하에 대사면을 실시했다.

깃발의 색깔을 금색으로 바꿨다.

36 후지, 『무측천본전』

동도 낙양의 이름을 신도神都로 바꿨다.

중앙정부의 여러 명칭도 바꿨다. 중서성은 봉각鳳閣으로, 그 장관은 내사內史로 바꿨고 문하성은 난대鸞臺로, 그 장관은 납언納言으로 바꿨으며 상서성은 문창대로, 좌·우복야는 좌·우상左右相으로 바꿨다. 그리고 육부의 상서는 육관六官으로 바꿨고 어사대는 숙정대肅政臺로 바꾸면서 좌우로 나누었다. 나머지 각 성省, 시寺, 감監은 이에 따라 유추하면 된다.

누구라도 이것이 왕조가 바뀔 조짐임을 눈치챌 수 있었다.

무태후도 그것을 숨길 생각이 없었다. 난대도 봉각도 무태후가 여황이 되려 한다는 것을 뚜렷하게 드러냈다. 이는 천지가 개벽한 후로 전혀 없었던 일이어서 강한 반발과 반대를 일으킬 게 뻔했고 치열한 분쟁도 피할 수 없었다.

하지만 무측천은 한다면 하는 사람이었다. 게다가 일단 한 발을 내디디면 더 신속히 추진할 참이었다. 그녀는 이미 60세가 넘어 남은 시간이 많지 않았기 때문에 시간을 끌며 여유를 부릴 겨를이 없었다. 그래서 움츠리거나 양보할 리가 없었고 오직 꿋꿋하게 나아가 피바람을 맞이하려 했다.

그렇다. 그녀는 또 사람을 죽이려 했다.

그런데 이번에 피살된 사람은 뜻밖에도 재상 배염이었다.

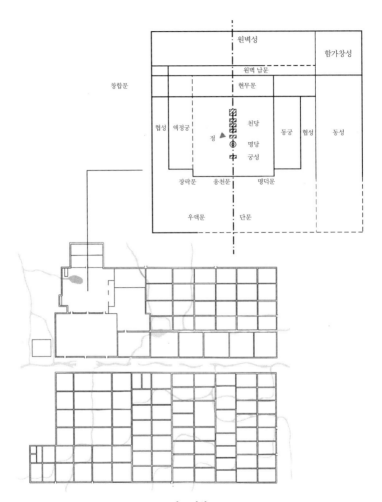

신도 낙양

낙양은 원래 당나라의 동도, 즉 동쪽 수도였고 신도로 이름이 바뀌고 나서 제국의 실질적인 중심지가 됐다. 그래서 이에 상응하는 조치로 천당, 명당 등 일련의 건축물을 세워서 새 시대의 탄생을 선언했다. 낙양의 평면도는 푸시넨傳熹年, 『중국 고대 건축사』를 근거로 했고 부분도는 『화하고고華夏考古』2001년 제2기에 실린 양훙쉰楊鴻勳, 「격식에 구애받지 않고 새 방법을 고안해 적용하다: 무측천이 창조해낸 낙양 명당自我作古, 用適於事-武則天標新立異的洛陽明堂」을 근거로 했다.

배염의 죽음

배염의 죽음은 이상했다.

중서령 배염은 10월 18일에 살해당했다. 서경업이 양주에서 반란을 일으킨 지 20일도 안 됐을 때였다. 이씨 성을 쓸 수 있었던 그의 자격과 특권이 취소되기 전이라 이때는 아직 이경업이라 불렸다. 무태후는 반란군이 코앞에 있는데도 재상을 죽였다. 더욱이 그 재상은 8개월 전그녀와 손잡고 중종 이철을 폐했으며 그전에는 그녀가 이현의 모반죄를 꾸미는 것을 돕기도 했다. 이런 공범을 어째서 죽인 걸까?[37]

당연히 죄가 있어서 죽였다. 죄명은 예나 다름없이 또 모반죄였다.

마찬가지로 예나 다름없이 증거도 없었다. 사실 정확히 말한다면 근거로 의심할 만한 것이 딱 한 가지 있기는 했다. 그것은 바로 서경업 토벌에 대한 그의 소극적인 태도였다. 나라에 그런 큰일이 일어났으니 수상으로서 즉시 정사당 회의를 소집해 반란 진압과 백성의 안전을 논의

---

[37] 배염이 살해될 때 중서령은 이미 내사로 이름이 바뀌어 있었다. 하지만 독자들의 편의를 위해 예전 이름을 썼다. 향후 다른 관직을 언급할 때도 이렇게 처리할 것이다.

해야 마땅했다. 그런데 배염은 아무것도 모르는 듯 무관심하기만 했다. 하지만 이런 '부작위'는 그저 직무소홀죄에나 해당하지 모반과 무슨 관련이 있단 말인가?[38]

물론 관련이 있다고 생각하는 사람이 있었다.

일은 어전회의에서 벌어졌다. 당시 태후는 배염이 반란 진압 방안을 내놓기를 바랐다. 그런데 배염은 이런 답을 내놓았다.

"황제가 성년인데도 친정親政을 안 하셔서 반적에게 구실을 주고 말았습니다. 태후께서 정권을 돌려주시면 반군은 알아서 무너질 겁니다."[39]

이에 감찰어사가 즉시 배염이 적과 내통해 모반한 혐의가 있다고 고발했다. 그가 제시한 이유는 이랬다.

"국난이 닥쳤는데 재상으로서 적극적으로 토벌에 앞장서기는커녕 거꾸로 이 틈을 타 태후께 정권을 돌려달라고 요구했습니다. 꿍꿍이속이 있는 게 아니라면 달리 어떻게 해석해야만 합니까?"

결국 배염은 감옥에 갇혔다.

그것은 실로 무분별한 조치였다. 배염이 그런 시기에 정권 반환의 요구를 한 것은 확실히 태후에게 물러나라고 압박한 혐의가 없지 않았고 뭔가 다른 의도가 있다는 의심도 받을 만했다. 하지만 절대로 모반은 아니었다. 태후가 물러나고 황제가 친정을 하는 것이 어째서 모반인가? 설령 배염이 새 군주를 옹립해 공신이 되려 했어도 그 군주 역시 당나라의 군주였다! 하물며 배염의 충성심은 조정과 민간에서 널리 인정하

141

---

38 배염의 이런 태도에 관해서는 두 『당서』 「배염전」에 모두 기록된 바가 없다. 여기서는 『자치통감』 203권 광택 원년 9월 항목을 참고했다.

39 두 『당서』 「배염전」과 『자치통감』 203권 광택 원년 9월 항목 참고. 이하는 별도의 주석 없이 모두 이에 근거.

는 바였으므로 소식이 전해지자마자 여론이 들끓었다. 난대(문하성)의 장관을 필두로 여러 조정 대신들이 태후 앞에서 가슴을 두드리며 배염이 모반하지 않았다고 장담했다.

하지만 태후는 말했다.

"확실히 징조가 있었다. 그대들이 몰랐을 따름이다."[40]

"불가능합니다!"

어느 대신이 말했다.

"그가 모반했다면 신들도 모반했을 겁니다."

그러나 태후는 웃으며 고개를 흔들었다.

"짐은 배염이 모반했고 그대들은 모반하지 않았다는 걸 아네."

이 말은 정말 알쏭달쏭했으며 용의자의 태도는 더더욱 이해가 안 갔다. 당시 어떤 이가 배염에게 죄를 인정하고 빌면 죽음은 면할 수 있지 않겠느냐고 묻자, 그도 웃으며 고개를 흔들었다.

"재상이 감옥에 갇혔는데 어떻게 밖에 나갈 수 있겠는가?"

그러고서 그는 조용히 죽음을 기다렸다.

배염은 태후와 마음이 통했던 것 같다.

그것은 비극이었다. 애초에 배염과 태후는 묵계라도 한 듯 손발이 잘 맞았다. 심지어 아무 힘도 안 들이고 무난히 궁정 쿠데타를 완수하기도 했다. 그런데 이제 한 사람은 궁궐에, 한 사람은 감옥에 있었으니 그들은 과연 무슨 생각이 들었을까?

---

40 이 말은 『구당서』에는 없고 『신당서』와 『자치통감』에만 있다. 야사에 따르면 낙빈왕이 배염의 모반을 획책하려고 "一片火, 兩片火, 緋衣小兒當殿坐(불 한 점, 불 두 점, 붉은 옷 아이가 전각에 앉았네)"라는 민요를 지어 퍼뜨렸다고 한다. 해석을 해보면 '緋衣(붉은 옷)'은 '裴(배)'의 파자破字이고 '一片火, 兩片火(불 한 점, 불 두 점)'은 '炎(염)'을 가리키며 '小兒(아이)'는 '자룽子隆(배염의 자字)'이다. 그리고 '當殿坐(전각에 앉다)'는 당연히 황제가 된다는 것이다. 이로써 배염의 반심叛心을 자극하려 한 것이다. 또 배염이 서경업에게 보낸 편지에 '青鵝(청아)' 두 글자만 적혀 있었는데, 무측천이 이것을

그것을 아는 사람은 없다.

하지만 한 가지 확신할 수 있는 것은 두 사람의 관계에 근본적인 변화가 일어났다는 것이다. 그전까지 배염은 태후의 유능한 조수이자 심지어 공범이었지만 이제는 태후에게 맞서는 정치 세력의 리더가 되었다. 태후를 향한 그의 퇴진 요구는 사실 최후의 승부를 건 것이었다.

위험하고 대가가 뒤따르는 시도였지만 기회는 그것뿐이었다. 그랬기 때문에 배염은 양주 반란의 소식이 전해졌을 때 그렇게 담담했을 것이다. 그것은 결코 몇몇 사람이 말한 것처럼 어떤 변고에도 안 놀라는 재상의 풍모를 드러내기 위해서가 아니었고 당연히 서경업과 결탁을 해서도 아니었다. 사실 그는 이 기회를 빌려 후궁으로 퇴진하라고 태후를 압박하고 예종을 전면에 나서게 할 셈이었다. 그래서 배염은 서경업이라는 불을 더 활활 태워 무태후를 뜨거운 솥 안의 개미로 만들어야 했다.[41]

하지만 안타깝게도 그 시대에는 그 누구도 무측천의 상대가 되지 못했다. 그녀는 자세히 보지 않고도 배염의 마음속 목소리를 읽어냈고 오히려 그를 뜨거운 솥 안으로 밀어 넣었다. 태후는 배염이 이미 과거의 그가 아니고 자신도 과거의 자신이 아님을 똑똑히 인식했다. 단지 그 변화를 배염도 알고 태후도 알았는데 다른 이들만 몰랐을 뿐이다. 그래서 그녀가 "확실히 (배염이 모반할) 징조가 있었다. 그대들이 몰랐을 따름이다"라고 말한 것이다.

143

보고 "십이월青에 내가 스스로 함께할 것이다鵝"라는 의미를 읽어냈다고 한다. 그것은 다시 말해 배염이 12월에 조정에서 쿠데타를 일으켜 양주의 반란군에 호응한다는 내용이었다. 또 『신당서』에 따르면 배염의 계획은 본래 무측천이 용문龍文에 나들이를 갔을 때 병사들을 시켜 그녀를 억류하고 정권을 반환하게 하는 것이었다고 한다. 그런데 불운하게도 큰비가 그치지 않아 그 계획을 실행하지 못했다고 한다. 이 두 가지 견해는 나중에 사마광에 의해 반박되었다.

41 배염이 재상의 풍모를 드러내려 했다는 것은 사마광의 견해다.

월	일	사건
정월	1일	연호를 사성으로 바꿈
2월	6일	이철이 폐위됨
	7일	이단을 새 황제로 세우고 연호를 문명으로 바꿈
	8일	이철의 아들 이중조李重照를 황태손에서 평민으로 격하하고 유인궤劉仁軌에게 서경西京의 일을 전담하라고 명함
	9일	파주巴州에 사람을 보내 이현을 더 엄히 감시하게 함
	12일	이단이 무측천에게 황태후의 존호를 바침
	15일	무태후가 정권을 장악하고 이단을 황제로 책봉함
	27일	이현이 살해됨
4월	22일	이철을 방주房州로 옮김
	26일	다시 이철을 균주에 있던 이태의 구옥으로 옮김
5월	15일	고종의 영구가 장안으로 돌아옴
8월	11일	고종을 건릉乾陵에 안장함
9월	6일	연호를 광택으로 바꾸고 전면적인 제도 개혁
	29일	서경업이 양주에서 반란을 일으킴
10월	18일	재상 배염이 살해됨
	19일	서경업의 이씨 성을 취소함
11월	18일	서경업이 전투에서 패해 살해됨
12월	26일	정무정이 살해됨

광택 원년(684)의 관련 사건 일람표

물론 그 변화가 언제 일어났는지는 역시 알 수 없다.

따라서 이 사건을 수사하려면 상세한 시간표를 만들어봐야 한다.

연호가 세 번이나 바뀐 684년은 실로 일반적인 해가 아니었으며 사건이 가장 집중된 달은 2월이었다. 2월의 사건들을 시간 순서대로 쭉 읽어 내려가기만 해도 우리는 긴장된 분위기를 느낄 수 있다. 특히 8일과 9일, 이 이틀 사이에 태후는 먼저 이철의 적장자를 평민으로 떨어뜨렸고 이어서 사람을 보내 폐태자 이현을 살해했다. 이 두 사건의 목적은 완전히 일치했다. 모두 후환을 제거하려는 것이었다. 결국 그녀가 중종을 폐위한 뒤부터 스스로 정권을 장악하기 전까지 매우 불안정하고 변동이 심한 상황이 전개되었던 것이다.

그때 그녀가 유인궤에게 권한을 부여해 장안을 지키게 한 것은 범상치 않은 의미가 있다.

고조 때 당나라 정권에 합류한 유인궤는 당시 80세가 넘은 고령으로 세 황제를 섬긴 원로 대신이었다. 게다가 그의 부부는 고종, 무측천 부부와 왕래가 잦아서 무측천은 심지어 유인궤의 아내와 서로 집안 얘기까지 나눌 정도였다. 이런 군신 관계는 대단히 보기 드물었고 이런 원로 대신은 더더욱 희소해서 태후가 그런 중책을 맡길 사람은 그밖에 없었다.[42]

유인궤에 대해 그녀는 "유공은 짐의 소하蕭何다"라고 평했다.[43]

145 그런데 이 소하는 늙고 병들었다는 이유로 위임을 거절하고 답장에

서 일부러 한나라 초에 폭정을 행한 여후呂后의 이야기를 언급했다. 당시 낙양에 있던 태후는 크게 놀라 즉시 장안으로 사람을 보냈고 가장 정중한 새서璽書(옥새가 찍힌 황제의 조서)의 형식으로 위로하고 만류했다. 그 태도가 무척 겸손했고 성의와 존경이 넘쳤다.

"짐이 국정을 주관하는 것은 단지 황제가 젊기 때문이네. 조만간 황제에게 정권을 돌려줄 것이니 여후의 전철을 밟는 일은 절대로 없을 걸세."**44**

유인궤는 덕망이 높았고 무태후는 언사가 정중하여 모두 믿을 수밖에 없었다.

하지만 무측천의 말에는 신용이 없었다. 사람들이 반년 넘게 기다렸지만 그녀는 정권을 돌려주기는커녕 무슨 봉각, 난대, 광택을 비롯해 낙양의 이름을 신도로 바꾸기까지 했다. 이것은 무슨 의미였을까? "다시 동주東周를 이룩하려는再造東周" 것이었다!

태후는 천하 백성을 다 속였다.

그때 서경업은 물론이고 배염도 반기를 든 것이다.

물론 배염은 무측천에게 반기를 든 것이지, 당나라에 반기를 든 것은 아니었다.

이 점은 양쪽 다 잘 알고 있었다. 그래서 무측천은 신하들에게 "짐은 배염이 모반했고 그대들은 모반하지 않았다는 걸 아네"라고 말했을 것이다. 이 말은 사실 자기가 "정권을 돌려주면 배염이 모반할 리 없고 칭

146

---

42   유인궤와 무측천의 관계는 레이자지, 『무측천전』 참고.

43   『자치통감』 203권 광택 원년 2월

44   장안으로 파견된 사람은 즉시 예부상서로 임명된 무승사였으며 새서의 내용은 『신당서』 「유인궤전」에는 없고 『구당서』 「유인궤전」과 『자치통감』에 나온다.

제稱帝(스스로 황제라고 선포하는 것)를 하면 배염이 모반할 게 분명하다"는 뜻을 담고 있었다.

다만 이 말은 누구도 입 밖에 내지 못했다.

그때 무측천의 칭제는 돌이킬 수 없는 일이었으므로 배염은 사상적으로 이미 반역자였다. 이를 배염은 당연히 인정했고 그래서 변호하지 않았다. 그래서 천하의 백성과 신하들은 어안이 벙벙한 가운데 두 사람은 마지막 묵계를 이루었다. 한 사람은 부담 없이 죽었고 다른 사람은 부끄럽지 않게 죽었다.

배염은 죽기 전에 관례대로 재산을 몰수당했다. 사람들은 수상까지 지낸 그가 의외로 가난하게 살았다는 것을 알았다. 하지만 무측천은 누가 청백리인지 탐관오리인지 신경쓰지 않았다. 심지어 자신을 방해한 적이 있는지 없는지도 상관하지 않았다. 유인궤는 1년 뒤 향년 84세로 편안히 숨을 거뒀고 종1품 개부의동삼사로 추증되어 그 대우가 배염과는 하늘과 땅 차이였다. 더욱이 여황은 임종 전에 거의 모든 정적政敵과 정적情敵에게 미안함을 표시했는데 오직 배염과 서경업만 예외였다.[45]

그러면 그녀는 무엇을 상관했을까?

사상 그리고 동기였다. 그녀가 보기에 유인궤가 간언했던 것은 애국심과 대의명분 때문이었지만 배염은 저의가 안 좋았다. 특히나 국난이 닥쳤을 때 정권을 반환하라고 그녀를 압박한 것은 남이 위급한 때를

---

45 두 『당서』 「배염전」과 「유인궤전」 참고. 따로 『자치통감』 208권 신룡 원년 3월 항목을 보면, 문명 원년 이후 망한 가문의 자손들에게 선대의 공훈에 따른 관작官爵을 회복시켜주라고 중종이 명했지만 서경업과 배염만 제외되었다는 내용이 나온다. 배염은 예종 때가 되어서야 명예를 회복했다.

노린 비열한 행동이었다!

　결국 많은 사람이 연루되었고 전방에서 돌궐과 싸우던 정무정까지 말려들어 태후가 파견한 자에 의해 부대에서 피살되었다. 배염과 정무정은 각기 문신과 무신으로 한때 태후의 왼팔, 오른팔이었는데 어째서 그런 최후를 맞은 것일까? 그들과 무측천의 협업과 결별은 또 어떻게 이해하고 설명해야 할까?

　관건은 각자의 역할과 관계를 어떻게 보았느냐에 있다.

　배염은 "천하를 한 가문의 것으로 보는家天下" 전통적 관념에 따라 자기 입장을 정했다. 어떤 가정이나 가문도 가장은 당연히 남자여야 하지만 집안일은 본처나 노마님 같은 여자가 책임져도 무방하다. 마찬가지로 집사도 공자의 제자 염유冉有처럼 외인이 맡을 수 있다. 무측천은 당나라 국사라는 집안일의 책임자였고 배염은 집사였다. 집사와 책임자는 당연히 협업할 수 있고 또 협업해야만 했다.

　집안일의 책임자는 태자나 황제로 바뀌도 문제가 안 됐다. 왜냐하면 그것은 회사의 법인 대표 변경에 불과하기 때문이었다. 하지만 대표를 변경할 수 있어도 소유권이 누구에게 있는지는 바꿀 수 없었다. 당나라의 가업은 고조와 태종의 것이었다. 그 등기권리증의 명의를 집사가 배씨로 바꿀 수는 없었고 책임자도 무씨로 바꿀 수 없었다. 혹시 책임자가 시댁의 것을 친정의 것이나 자기 집 것으로 바꾸려 하면 배염은 집사로서 관여하지 않을 수 없었다.

하지만 그의 심리를 누가 이해했겠는가?[46]

그리고 지금 와서 제국 소유권의 명의 변경을 막을 수 있는 사람은 아무도 없었다.

149

46　이런 관점으로 배염을 바라본 사람은 거의 없는 듯하다. 예컨대 궈모뤄郭沫若는 배염이 스스로 황위를 찬탈하려 했다고 단정했으며 심지어 그가 서경업과 결탁했을 뿐만 아니라 이현의 죽음을 교사했다고 비판하기까지 했다. 이런 견해는 아무 근거가 없고 논리도 부족하다. 역사를 이런 식으로 연구하면 학술이라고도 할 수 없다. 후지가 『무측천본전』에서 인용한 궈모뤄의 글을 참고하기 바란다.

제4장

가면 바꾸기

정적들을 제거한 무측천은 짐짓 자비로운 눈매와 넓은 도량과 보살의 마음을 과시하고 있었다.
그녀는 황제의 옥좌 위에 높이 앉아 있었지만, 복사꽃처럼 환한 자신의 미소 띤 얼굴에
핏자국이 가득 묻어 있는 것은 전혀 알지 못했다.

살계

정무정이 살해되고 얼마 되지 않아 태후는 신하들과 대화를 나눴다.

"짐은 천하에 부끄러운 게 별로 없다. 그대들은 그것을 아는가?"

신하들은 무조건 안다고 했다. 이에 태후는 냉소를 지었다.

"정말 안다고? 공경公卿의 부귀도 짐이 주었고 천하의 안락도 짐이 키웠다. 그런데 왜 모반하는 자들이 전부 왕공과 대신인가?"

누구도 감히 입을 열지 못했다.

"다들 생각해보아라. 그대들 중에 선제에게 명을 받은 동시에 배염처럼 고집 세고 제어하기 힘든 자가 있는가? 장군 가문 출신으로 서경업처럼 도망자들을 규합할 수 있는 자가 있는가? 군대를 손에 넣고 정무정처럼 연전연승하는 자가 있는가? 이런 자들은 백성에게 촉망을 받을 만하다. 그러나 짐에게 이롭지 않으면 어김없이 죽일 것이다. 만약 짐보다 더 수완이 좋은 이가 있다면 시험해봐도 무방하다. 하지만 그렇지

153

않다면 괜히 자기 목숨과 명예를 망치지 말고 도모하던 바를 거두도록
하라."

신하들은 일제히 바닥에 머리를 댔다.

"오직 태후의 명을 따르겠습니다."[1]

이 일의 진위는 판별하기 어렵다. 그래도 무측천이 이토록 경망스럽
고 천박했을 것 같지는 않다.[2]

하지만 그녀가 손바닥을 뒤집듯 태도를 바꾼 것은 사실이다. 돌아보
면 과거에 병사들을 이끌고 궁에 들이닥쳐 그녀가 황제 이철을 폐하도
록 도운 이들은 누구였던가? 바로 중서령 배염, 중서시랑 유위지, 우림
장군 정무정이었다. 그중 배염과 정무정이 지금 그녀에 의해 목숨을 잃
었다. 그러면 유위지는 어떻게 됐을까?

정무정보다 겨우 2년 반을 더 살았을 뿐이다.

그런데 이번 죄명은 모반이 아니라 수뢰와 간통이었다. 제국의 반부
패 정책과 감찰제도에 따라 유위지는 조사를 받아야 했다. 무고에 의
한 날조여도 그래야 했다. 하지만 사건 담당자가 태후의 명령서를 제시
했을 때 유위지는 협조를 거절했다. 당나라의 제도에 따르면 공문서는
반드시 중서성이 기초하고 문하성이 심의, 결정해야 했기 때문이다. 그
때 중서성과 문하성은 이름이 바뀌었지만 규칙은 변한 게 없었다. 그래
서 유위지는 말했다.

"봉각과 난대를 안 거쳤는데 어떻게 정식 문서라 할 수 있는가?"

---

1 『신당서』「측천무황후전」과 『자치통감』 203권 광택 원년 2월 항목에서 고이에 인용된 「당통기唐
統紀」 내용 참고.
2 사마광이 이런 관점을 갖고 있었다. 『자치통감』 203권 광택 원년 12월 항목의 고이 부분 참고. 반
대로 그랬을 수도 있다고 생각한 학자도 있지만 여기서는 논의하지 않겠다.

이에 그는 '제사制使'에게 저항한 죄를 뒤집어씌웠다.

그것은 공무 방해죄나 법정 모욕죄보다 더 심각했다. 황명을 수행하는 사신(제사)은 최고 권력을 대표하는데 어떻게 저항할 수 있단 말인가? 예종이 그 소식을 듣자마자 얼른 무측천에게 글을 올려 사정할 만도 했다. 그러나 유위지는 장탄식을 하며 말했다.

"나는 꼼짝없이 죽었다! 독단적이고 제멋대로인 태후가 어찌 남의 참견을 허용하겠는가? 황상이 내 죽음을 앞당기셨다!"

유위지의 말이 옳았다. 그에게 사약을 내리라는 명령이 이내 떨어졌다. 형 집행을 앞두고서 그 전임 재상은 태연히 목욕하고 옷을 갈아입은 뒤, 아들에게 황제의 은혜에 감사하는 상주서를 대신 쓰게 했다. 하지만 아들은 흐느끼느라 붓을 쥐지 못했고 이에 유위지는 종이를 받아 일필휘지로 글을 적었다. 당시 그 글을 읽고 감동하지 않은 사람이 없었다고 한다.

그 결과, 칭찬을 아끼지 않은 관리 두 명이 좌천되었다.[3]

이 사건의 중차대함은 사실 배염의 피살에 못지않았다. 왜냐하면 배염은 무측천의 조력자에 불과했지만 유위지는 그녀 자신의 사람이었기 때문이다. '북문 학사'의 대표인 그는 무측천이 직접 길러내고 발탁한 인물이었다. 유위지도 기대를 저버리지 않았고 심지어 언젠가는 어떤 작은 일로 태후를 감동시키기도 했다.

155 그 일은 확실히 대단치는 않았다. 배염이 살해되고 다섯 달 뒤, 어느

---

3 두 『당서』 「유의지전」과 『자치통감』 204권의 수공 3년 5월

하급 관리가 자신이 잘못 강등되었다고 봉각(중서성)에 가서 투서를 넣었다. 당시 봉각의 장관은 바로 배염을 재판한 공으로 재상이 된 건미도騫味道였다. 그 투서와 관련해 건미도는 별생각 없이 그 하급 관리에게 말했다.

"이것은 태후의 결정일세."

차관이었던 유위지는 즉시 반대의견을 밝혔다.

"관리의 승진과 강등은 여태껏 관련 부서가 먼저 방안을 내고 상주해왔는데 어떻게 태후의 결정이라고 말할 수 있습니까?"

한 사람은 책임을 전가하고 한 사람은 책임을 지려 했으니 그 수준 차이가 확실했다.

이에 대해 태후는 칭찬을 아끼지 않았다.

"군주는 머리이고 신하는 팔과 다리인데, 수족에 문제가 생겼을 때 그것을 심장의 탓으로 돌려서야 되겠는가? 유위지는 스스로 잘못을 인정했으니 충신이 맞도다!"

책임을 전가한 건미도는 당연히 외지로 좌천되었다.[4]

무태후는 확실히 멍청하지는 않았다.

유위지는 갈수록 마음이 무거워졌다. 태후가 스스로 황제가 되려 한다는 것을 진작에 간파했기 때문이다. 태후의 이 심복도 배염과 마찬가지로 제국의 소유권을 이전하는 것에는 찬동할 수 없었다. 그래서 그는 은밀히 부하에게 말했다.

156

---

4 『신당서』「유의지전」과 『자치통감』 203권 수공 원년 3월

"태후는 어쨌든 황제를 폐할 수도 세울 수도 있는데 왜 굳이 스스로 황제가 되려고 하여 세상 사람들이 마음을 못 놓게 만드는 걸까?"

그 부하는 즉시 태후에게 은밀히 보고했고 유위지는 죽을 수밖에 없게 되었다.

남은 일은 함정을 파고 구실을 찾는 것뿐이었다.[5]

사실 무측천은 살인을 좋아하지도 않았고 하고 싶지도 않았다. 어쨌든 배염은 그녀의 꾀주머니였고 유위지는 최고의 심복이었다. 그래서 배염을 죽일 때 그녀는 마음이 아팠고 유위지를 죽일 때는 마음이 시렸다. 하지만 죽이지 않을 수 없었다. 아닌 척 시늉하는 놀음은 이미 한계에 다다른 상태였다. 그녀 앞에는 두 가지 선택밖에 없었다. 하나는 이단에게 정권을 돌려주는 것이었다. 그리고 다른 하나는 가면을 벗고 행동에 나서는 것이었지만 피가 흘러 강을 이룰 게 뻔했다.

그렇다면 죽이자! 한 명을 죽이든 만 명을 죽이든 똑같이 살인이 아닌가.

당시 사망자가 몇 명이나 됐는지는 이미 정확한 통계를 낼 방법이 없다. 하지만 틀림없이 상당한 숫자였을 것이다. 가장 많이 죽은 이들은 아마도 당나라 황실의 구성원일 것이다. 그들은 왕조 교체의 직접적인 장애물이었기 때문이다. 실제로 이현이 해를 입은 뒤로 종실은 한 사람 한 사람이 다 위험했다. 설령 이현이 사생아였다고 해도 역시 고종의 친혈육이었음을 유념해야 한다. 이현조차 죽음을 당했으니 누구인

157

들 안전했겠는가?

실제로 살인의 칼은 이미 높이 올라가 있었다. 가장 먼저 희생된 사람은 양주 반란을 진압한 지휘자이자, 고조의 사촌 동생 이신통李神通의 아들인 이효일李孝逸이었다. 때는 유위지가 살해된 지 반년 뒤였고 죄가 된 일은, 자기 이름에 '逸' 자가 있고 '逸' 자 속에는 '兎(토끼 토)' 자가 있는데 토끼는 달에 있으므로 자기는 천명을 받아 천자가 될 수 있다고 그가 주장했다는 것이었다. 그것은 죽어 마땅한 죄였다. 하지만 반란 진압에 공이 있다는 이유로 감형되어 해남도海南島에 유배되었고 결국 그곳에서 억울하게 죽었다.[6]

이렇게 죄를 억지로 갖다 붙이며 정치적 박해를 가한 탓에 한 차례 쿠데타가 일어나 실패하기도 했다. 그 결과, 더 많은 이씨 종실이 피살되고 거의 멸문을 당했다. 무측천이 황제가 되어 나라를 세우기 한 달 전에는 죽일 수 있는 종실은 기본적으로 벌써 다 죽인 상태였다.[7]

이와 동시에 배염 사건이 계속 영향을 끼쳤다.

무측천이 황제가 되기 1년 전, 재상 위현동魏玄同이 사약을 받고 집에서 자살했다. 향년 73세였다. 이 사건의 직접적인 원인은 그가 "태후는 늙었으니 새 황제에게 정권을 반환하는 것이 낫다"는 말을 퍼뜨렸다고 누가 모함한 것이었다. 당연히 무측천은 이를 용납할 수 없었다. 게다가 위현동은 죽은 배염과 단짝 친구였다고 알려져 있었으므로 태후는 자연스레 그를 배염의 잔당으로 간주했다.

---

6 이효일의 사적에 관해서는 여러 가지 설이 있다. 여기서는 『자치통감』 204권 수공 3년 12월 항목을 근거로 삼았다.
7 이 과정은 복잡하고 지질구레해서 자세히 이야기하지는 않겠다. 『자치통감』 204권 수공 4년 8월부터 천수 원년 8월 항목 참고.

하지만 형을 집행하러 온 관리조차 그가 억울하게 걸려든 것을 알고서 선의로 그에게 권했다.

"아무나 한 명을 고발하십시오. 누구든 고발하면 반드시 친히 접견해주는 게 태후의 원칙입니다. 그 자리에서 무고를 밝히시지요."

하지만 위현동은 고개를 흔들었다.

"태후에게 당하든, 염라대왕의 부름을 받든 모두 죽는 게 아닌가. 아무 차이도 없는데 왜 무고한 사람을 끌어들이겠는가."

그리고 태연하게 죽음을 택했다.

이 사건에도 수많은 사람이 연루되었다. 그들은 죽거나 좌천되거나 유배를 당했다. 가장 큰 수수께끼는 과거에 배염에게 모반 혐의가 있다고 고발했던 자도 비밀리에 처단된 것이었다. 그 사인은 알려지지 않았다.[8]

그것은 실로 대규모 살생이었다.

하지만 세상에 감히 살인하는 사람이 있다면 죽음을 두려워하지 않는 사람도 있다. 배염이 죽은 뒤, 그의 조카 배주선裴仙先이 태후에게 접견을 청했다. 태후는 갓 열일곱 살밖에 안 된 그 어린 관리를 보자마자 대뜸 물었다.

"네 백부가 모반을 했는데 더 무슨 할 말이 있느냐?"

"신은 감히 억울함을 호소하려는 것은 아닙니다. 다만 태후 폐하를 위해 신의 생각을 아뢰려고 합니다."

---

8 두 『당서』 「위현동전」과 『자치통감』 204권 영창永昌 원년 9월

배주선은 말했다.

"폐하는 사실 이씨 가문의 며느리입니다. 그런데 어찌 국정을 독차지하고 종실을 배척하며 충신을 마구 죽이는 겁니까? 가능한 한 빨리 정권을 반환하여 편안한 만년을 누리십시오. 그렇지 않으면 천하가 바뀌어서 만 년이 지나도 회복되지 않을까 두렵습니다!"

"이게 무슨 허튼소리냐! 이 어린 놈이 세상 물정을 전혀 모르는구나!"

태후는 대로하여 명했다.

"이자를 어서 끌어내라!"

하지만 배주선은 아랑곳하지 않고 끌려가면서도 돌아보며 말했다.

"지금도 늦지 않았습니다."

태후는 더 노해서 당장 그에게 곤장 백 대를 치게 하고 산간벽지로 영원히 유배를 보냈다. 그곳은 지금의 광시성에 있는 십만대산十萬大山이었다.[9]

그래도 죽음을 두려워하지 않는 사람이 계속 나왔다. 배주선의 뒤를 이은 사람은 학상현郝象賢이었다. 학상현은 재상 학처준의 손자로 죄명은 역시 모반이었으며 처형 시점은 유위지와 이효일 다음이었다. 당시 학씨 가문 사람들이 조정까지 가서 북을 치며 억울함을 호소했고 감찰어사도 심의 후 증거 부족을 인정했다. 그러나 과거에 학처준이 자신의 섭정에 반대한 것을 태후가 줄곧 마음에 두고 있었던 탓에 학상현은 끝내 형장으로 끌려갔다.

그때 누구도 예상치 못한 일이 벌어졌다. 학상현이 형장에서 밧줄을 풀고 구경꾼의 몽둥이를 빼앗아 자신을 위한 무대를 만든 뒤, 연설을 하기 시작했다. 그 연설의 내용은 지금으로서는 전혀 알 길이 없지만 분명 낙빈왕이 쓴 격문의 보급판으로서 전혀 거침이 없었을 것이다.

관병들은 눈이 휘둥그레졌고 둘러싼 관중은 흥미진진하게 연설을 들었다. 다들 그가 사형수라는 사실이 떠올랐을 때는 이미 태후의 악랄함과 양면성, 신의 없음, 방탕함까지 모든 이야기가 끝난 뒤였다.

당연히 화상 설회의에 관해서도 언급했을 것이다.[10]

---

10 『자치통감』 204권 수공 4년 4월 항목과 두 『당서』 「학처준전」에 첨부된 「학상현전」 참고.

색계

설회의는 바로 그 무렵에 출현했다.

본래 낙양 거리에서 가짜 고약을 파는 건달이었던 설회의는 수공垂
拱 원년(685)에 태후의 잠자리 용품이 되었다. 이 시점은 매우 중요하다.
그해 전후에 어떤 정치적 사건이 있었는지 알아야만 무측천의 이 프라
이버시를 그저 스캔들이나 야한 소설 정도로 치부하지 않을 수 있다.[11]

그러면 수공 원년은 어떤 해였을까?

상대적으로 한가했다.

바로 전해에 무측천은 대단히 바빴다. 정월에 연호를 바꿨으며(사성)
2월에는 황제(중종)를 폐위하여 다시 연호를 바꾸고 국정을 장악해 새
황제(예종)를 책봉하는 동시에 폐태자 이현을 죽였다. 5월에는 장안으로
돌아왔고 8월에는 남편의 장례를 치렀다. 그리고 9월에는 또 연호를
바꾸고(광택) 전면적인 제도 개혁을 단행했으며 10월에는 배염을 죽였 162

---

11 『자치통감』 수공 원년 11월 항목을 보면 설회의가 수리를 마친 백마사의 주지가 되었다고 나와
있으므로 그가 궁에 들어간 시기는 분명히 더 이를 것이다.

다. 마지막으로 11월에는 반란을 진압했고 연말에는 정무정을 죽였다.

연호를 세 번이나 바꿨으니 정말 눈코 뜰 새가 없었을 것이다.

이듬해도 마냥 수월하지는 않았다. 첫 번째 일은 당연히 신년이 시작될 때 황제에게 정권을 반환하는 제스처를 취한 것이었다. 이단은 사리 분별을 할 줄 아는 사람이었다. 더욱이 세 형의 전례가 있었으므로 바닥에 이마를 찧으며 한사코 사양했다. 태후는 물론 더 권하지 않고 순조롭게 계속 대권을 손에 쥔 채 개혁을 추진했다.

그 후로는 정해진 목표를 향해 나아갔으므로 새로운 단계의 일들로 바빴다. 밀고 제도를 만들고, 이씨 종실을 학살하고, 하늘이 자신에게 권력을 주었다는 증거를 날조하고, 왕조를 바꾸기 위한 조직, 사상, 여론 방면의 준비를 진행했다.

수공 원년 한 해만 상대적으로 평온했다.

따라서 설회의가 궁에 들어간 뒤, 태후 폐하가 주로 어디에 정력을 쏟았는지 다들 의심할 만도 했다. 하지만 그렇다고 그녀가 정신이 쏙 빠져 있었을 리는 없다. 사실 수공 원년에 별일이 없었던 것은 천하의 신민들이 경계를 풀고 그녀가 이쯤에서 멈추지 않을까 오인하게 만들려는 그녀의 계획이었을 것이다. 물론 그녀도 이 기회에 삶을 즐겨보고 싶기도 했을 것이다. 따라서 설회의의 출현은 하늘이 그녀에게 내린 상이라고 할 수 있었다.

163　　두 사람의 관계를 한마디로 정의하기는 어렵다. 연인이었다고 말하기

는 좀 그렇고 섹스 파트너였다고 보는 것은 너무 단순하다. 감정은 아마 있었을 것이다. 시간이 지나면 당연히 감정이 생기게 마련이다. 하지만 꼭 사랑이었다고는 할 수 없다. 사랑이라는 것의 전제와 핵심은 순결함에 있지 않고 신성함은 더더욱 아니며 관계의 평등함에 있다. 평등해야만 서로 좋아하고 진심으로 사랑할 수 있다.

하지만 그들은 그럴 수 없었다. 무측천은 고종 이치와의 관계에서도 우위에 있었다. 그녀 같은 여성은 아마도 자기보다 우위에 있는 남성과 사귀어야만 비로소 만족하고 진정으로 상대방과 하나가 될 것이다. 그녀에게 그런 느낌을 줄 수 있었던 남자는 태종 이세민밖에 없지 않았을까? 하지만 안타깝게도 그는 그녀에게 관심이 없었다.

무측천은 여인으로서는 사실 매우 불쌍했다.

그래서 그녀는 이치를 자신이 조종할 수 있는 남편으로, 설회의는 애지중지하는 도구로 볼 수밖에 없었다. 더욱이 그녀에게는 "나라보다는 연인을 사랑하는" 식의 낭만도 없었다. 자기가 여인이어서 정치적 동물이기를 포기할 가능성은 절대로 존재하지 않았다. 그리고 설령 평등하게 서로 사랑했다고 해도 뭘 할 수 있었겠는가? 설회의를 데리고 하와이 해변에 가서 일광욕이라도 했을까? 그랬을 가능성도, 그런 취미도 없었다.

그렇다면 이 도구를 잘 쓰기나 하자!

그래서 설회의는 건달에서 대화상으로 변신했을 뿐만 아니라 제국에서 가장 잘나가는 건설업자가 되었다. 그는 수공 원년에 낙양 백마사白馬寺를 중건하고 직접 그 절의 주지가 되었으며 3~4년 뒤에는 명당明堂의 건축을 주관했다.

명당은 유가의 전설에 나오는 성전으로 고대의 성군聖君이 하늘의 뜻을 받들어 성스러운 가르침을 펼치던 곳이었다. 이에 수문제와 당태종도 건축할 뜻이 있어서 천재 건축가 우문개宇文愷가 모형을 만들기까지 했다. 하지만 고리타분한 유생들 간에 명당의 건축 양식에 대한 의견이 일치되지 않은 탓에 끝내 흐지부지되고 말았다. 물론 무측천은 그런 것에 구애받을 인물이 아니었다. 그녀는 유생들을 제쳐두고 직접 북문 학사들과 방안을 만들어 설회의를 시켜 공사를 하게 했다.[12]

일반인이 보기에 스님을 보내 유가의 명당을 짓게 한 조치는 황당하고 무책임하며 제정신이 아닌 짓이었다. 그러나 진짜 유생들이 백 년 동안 입씨름만 하며 이루지 못한 일을 그 가짜 중은 1년도 안 돼 멋지게 해냈다. 수공 4년(688) 12월 27일, 유가 경전에나 되풀이해 나왔지 정작 누구도 본 적이 없는 성전이 높고 크고 아름다운 자태를 뽐내며 낙양성 안에 우뚝 솟았다.[13]

낙양 명당은 3층이었으며 아래는 네모지고 위는 둥글어서 둥근 하늘과 네모난 땅을 상징했다. 사각형인 1층은 4면 4색으로 동서남북과 춘하추동을 상징했고 12각형인 중간층은 열두 달과 황도黃道 12궁을 상징했으며 원형인 3층은 하늘을 상징했다. 아홉 개의 용주龍柱로 둥

---

12 『구당서』「예의지이禮儀志二」
13 낙양 명당의 건설 시점에 관해 『구당서』「예의지이」에서는 수공 3년 봄에 철거, 이전하여 4년 1월 5일에 준공했다고 하고 『구당서』「측천황후기」에서는 수공 4년 정월에 철거, 이전하여 12월에 준공했다고 한다. 또 『구당서』「측천황후기」와 『자치통감』 204권에서는 수공 4년 2월에 철거, 이전하여 12월에 준공했다고 한다. 여기서는 마지막 의견을 따랐다.

근 지붕을 떠받친 것은 황제의 권위를 상징했다. 더욱이 이슬람 모스크로 개조되었고 이제는 박물관으로 쓰이는 성 소피아 대성당처럼 원형의 돔 위에 상징물이 있었다. 다만 십자가도 초승달 조각도 아닌 봉황이었다.

그렇다. 그것은 쇠에 도금을 한 3미터 크기의 봉황이었다.

설회의는 그래도 모자랐는지 명당 뒤쪽에 천당天堂을 또 지었다. 천당은 5층이었고 안에 불상들을 모셨다. 그 거대한 불상들은 그 두 남녀의 팽창하는 야심과 흡사했고 그들이 각 방면에서 일관되게 추구하던 바에 전적으로 부합하기도 했다. 돈이 얼마나 드는지는 관심 밖이었다. 당나라의 재산과 인부들의 피땀은 당연히 태후를 신성한 존재로 만드는 데 쓰여야 마땅했다.

실용주의가 또다시 이상주의와 싸워 이겼고 여권을 상징하는 봉황이 마침내 남권을 상징하는 용 위에 군림했다. 유생들이 눈만 크게 뜨고 한마디도 못하는 가운데 그들이 그토록 오래 동경해온 명당이 만상신궁萬象神宮으로 명명되었다. 그리고 건달이자 가짜 중인 설회의는 공을 인정받아 대장군에 임명되고 양국공梁國公으로 봉해졌다.[14]

태후는 당연히 크게 기뻐했다. 사실 그녀는 이미 태후가 아니라 성모신황聖母神皇이었다. 이 존호는 5월에 새로 추가되었다. 누가 낙하洛河에서 신기한 돌 하나를 주웠기 때문이었다. 그 돌에는 "성모가 세상을 다스려 황제의 업적이 영원히 번창하리라聖母臨人, 永昌帝業"라는 글이 새

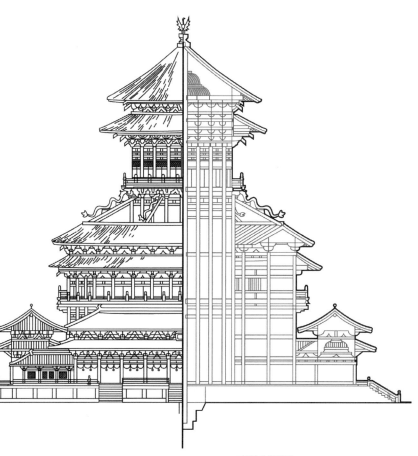

명당(만상신궁)

왼쪽은 정면도이고 오른쪽은 내부구조도다. 『화하고고』 2001년 제2기에 실린 양홍쉰, 「격식에 구애받지 않고 새 방법을 고안해 적용하다: 무측천이 창조해낸 낙양 명당」을 근거로 삼았다.

겨져 있었다.

그것은 물론 날조였다.

날조한 사람의 이름은 나중에 알게 될 것이다.[15]

안타깝게도 그 속임수를 폭로하러 나선 사람은 아무도 없었다. 정반대로 길조이며 천명이라고 아부하는 상주서가 눈발처럼 궁으로 날아들었다. 그중 가장 터무니없었던 것은 각지에서 암탉이 수탉으로 변했다고 호들갑을 떤 것이었다. 아무래도 향후 제국의 양계업과 계란 공급은 수탉에게 의존할 수밖에 없을 듯했다.[16]

예민한 태후는 즉각 자신에게 유리한 풍향을 알아보고 곧바로 '성모신황'의 돛을 높이 올렸다. 그것은 대단히 창의적인 호칭이었다. 태후의 뜻도 있고 황제의 뜻도 있어서 두루 써먹을 만했다.

무측천은 배가 뒤집힐까 두려워하지 않았다.

방향이 더 명확해지기도 했다. 사실 그 망할 감업사를 떠난 뒤로 무미낭은 한 계단씩 차근차근 위로 올라갔다. 소의, 황후, 천후, 태후 그리고 신황까지. 이제는 범하지 못할 살계도, 깨뜨리지 못할 색계도, 하지 못할 일도 없었다. 그녀는 절대 걸음을 멈출 리 없었고 목적을 달성할 게 분명했다. 이를 위해서라면 그녀는 어떤 소동도 일으킬 수 있었고 백성의 피땀과 국가의 재산도 희생시킬 수 있었다.

마침내 누가 더 참지 못하고 분연히 일어섰다.

찬물을 끼얹은 사람은 왕구례王求禮였다. 그 하급 관리는 강직하고 **168**

---

15 『구당서』「측천황후기」
16 이 일은 『구당서』「측천황후기」와 야사인 『조야첨재朝野僉載』에 다 기록되었으며 시점은 같지 않다.

아첨하지 않는 것으로 유명했으며 일찍이 설회의를 거세하라고 주청한 사람도 바로 그였다. 이번에도 그는 전혀 거침이 없었다. 글을 올려 말하길 "고대의 명당은 잡초가 무성하고 기둥의 굵기도 들쭉날쭉했습니다. 지금 폐하의 사치는 아마 하의 걸왕이나 은의 주왕도 그것에 못 미친다고 부끄러워할 겁니다"라고 했다.[17]

신황은 아랑곳하지 않았다.

왕구례가 계속 그런 식으로 굴었지만 신황은 여황이 된 뒤에도 똑같은 태도를 취했다. 어느 해 3월에 큰 눈이 내렸을 때 축하를 올리려고 재상이 신하들을 인솔해 입궁한 적이 있었다. 하지만 왕구례의 생각은 달랐다.

"3월에 내리는 눈이 상서로운 눈이라면 12월에 치는 벼락은 상서로운 벼락입니까? 이것은 천재天災입니다. 하늘의 노여움입니다! 지금 어떤지 보십시오. 군주는 황당무계하고, 신하는 아첨하고, 오랑캐는 창궐하고, 백성은 살기 어렵고, 진짜 관리는 적고, 가짜 관리는 많고, 백성은 뇌물을 바치지 않으면 소송도 하지 못합니다. 하늘이 눈이 있다면 무슨 의도로 징조를 보였겠습니까?"

77세의 여황은 즉시 조회를 파하여 예측하기 힘든 하늘의 의도에 대해 두려움을 표시했다.[18]

그것은 대족大足 원년(701)의 일이었다. 설회의의 거세를 주청한 뒤로 15년 동안 왕구례에게 아무 일도 일어나지 않았던 것은 실로 기적이었

---

17 『구당서』 「왕구례전」과 『자치통감』 204권의 수공 4년 12월

다. 하지만 그렇다고 무측천이 살인을 멈춘 것은 아니었고 남의 비판을 순순히 받아들인 것은 더더욱 아니었다. 실제로 만상신궁이 완성된 지 1년 반 뒤에 설회의는 한패였던 승려 법명法明 등과 함께 『대운경소大雲經疏』를 제작해 성모신황이 미륵불의 현신이라고 공언했다. 나아가 태후가 신황이 된 지 세 달 뒤에는 이씨 종실이 대거 피살되고 다수가 멸문을 당했다.[19]

사통과 신격화와 살인이 동시에 진행되었고 그것은 성모신황 또는 현신한 미륵불의 '한량없는 공덕'이었다. 살계를 범하고 색계도 깨뜨린 그녀는 득의양양하여 얼마나 많은 무고한 이가 죽고 눈물마저 말랐는지는 전혀 상관하지 않았다.

그리고 시체 앞에는 간교한 미소를 띤 무자비한 혹리酷吏들이 있었다.

18 『구당서』 「왕구례전」과 『자치통감』 207권 장안 원년 3월

19 설회의의 거세를 주청했을 때 왕구례의 관직은 보궐이었고 관등은 종7품이었다. 대족 원년에는 관직이 전중시어사殿中侍御史였지만 관등은 여전히 종7품이었다. 그가 피살되지는 않았지만 승진하지도 못했음을 일 수 있다. 설회의가 바친 것이 위조한 『대운경』인지, 아니면 그 주소注疏인지에 관해서는 후지, 『무측천본전』의 연구 성과를 참고했다.

大雲者廣覆十方周遍一切布慈蔭於有識灑惠澤於無邊旣布大雲必澍甘雨竊維雲者即是武姓

『대운경소』

『대운경소』는 둔황 문서에서 발견되었으며 여기 가져온 것은 그중 일부다. 진하게 표시한 부분은 "대운이라는 것은 온갖 곳을 다 덮고 모든 것에 두루 미치면서 중생에 자비를 베풀고 온갖 곳에 혜택을 뿌린다. 대운을 베풀면 반드시 단비를 적신다. 나는 운이 바로 무씨라고 생각한다 大雲者, 廣覆十方, 周遍一切, 布慈蔭於有識, 灑惠澤於無邊. 旣布大雲, 必澍甘雨. 竊維雲者, 卽是武姓"라는 뜻이다. 무측천을 위해 분위기를 띄우려 한 의도가 명백하다. 이 이미지는『둔황보장敦煌寶藏』의 일련번호 S6502를 근거로 삼았다.

절대 반지

혹리는 사실 키워졌다.

하지만 생겨난 원인은 밀고에 있었다. 중종이 폐위된 날, 십여 명의 금위군禁衛軍 장병들이 함께 술을 마시고 있었다. 그런데 그중 한 명이 이런 말을 했다.

"포상이 없는 줄 알았으면 차라리 여릉왕(이철)을 받들었을 텐데 말이야."

그 결과, 술자리가 파하지도 않았는데 헌병이 들이닥쳤으며 그 말을 한 사람은 목이 잘리고 다른 사람들은 목이 졸려 죽었다. 그 원인은 간단했다. 그들 중 누가 몰래 술자리를 빠져나가 현무문을 통해 궁에 들어가서 태후에게 밀고한 것이었다.

밀고의 유행은 그때부터 시작되었다.[20]

하지만 밀고가 제도로 수립된 것은 2년 뒤였다. 그 2년 동안 무측천 172

---

[20] 『자치통감』 203권 핑택 인년 2월 기미 항목 참고. 술자리에 모인 장병들은 천자의 금위군으로 현무문을 지켰다.

은 너무나 많은 일을 겪었다. 특히 양주 반란과 배염의 퇴진 압박은 생각날 때마다 모골이 송연했다.

배염과 유위지도 무측천의 가슴이 철렁하게 만들었다. 둘 중 한 명은 꾀주머니였고 다른 한 명은 최고의 심복이었지만 약속이나 한 듯 그녀의 국정 장악을 반대했으니 그녀가 왕조를 바꾸는 것을 찬성해줄 리 만무했다. 다행히 수공 2년(686)에 밀고 제도를 수립했다. 이런 제도도 없이 어떻게 유위지 같은 측근이 잠재적인 적임을 알아보겠는가?

본명이 풍소보인 그 설회의도 문제였다. 태후는 조정과 민간에서 그에 관해 무슨 얘기를 하고 있는지 크게 신경 쓰지 않고도 훤히 알 수 있었다. 확실히 이제는 그녀가 참고 양보할 수 있는 상황이 아니었다. 시체를 깔아 황위로 통하는 길을 마련할 수밖에 없고 머리의 황관도 선혈을 적셔 만들 수밖에 없다면 아예 모든 사람이 입도 뻥긋하지 못하게 해야 했다. 무슨 수단을 써서든 말이다.

미래의 여황은 양면兩面과 삼도三刀를 택했다. 양면은 한편으로 신격화를 하면서 다른 한편으로 살인을 하는 것이었고 삼도는 밀고 제도와 혹리 집단과 사건 날조였다. 그녀는 운도 좋아서 어보가魚保家라는 자가 자신의 발명품을 갖다 바쳤다. 어보가는 배염 반란 사건의 심판관이었던 어승엽魚承曄의 아들이었고 동궤銅匭라는 이름의 그 발명품은 편지를 그 안에 집어넣으면 지정된 수신인만 꺼낼 수 있어서 밀고에 대단히 쓸모가 있었다.

금세 동궤에 비밀 편지가 들어왔다. 그런데 그것은 어보가를 밀고한 편지였고 죄명은 서경업에게 무기를 만들어줬다는 것이었다. 결국 그 발명가는 그 몹쓸 제도의 희생물이 되어 자기 가문도 지키지 못하고 말았다.

나쁜 선례를 만든 사람은 이처럼 후환이 있게 마련이다.

하지만 밀고는 계속 장려되었다. 무측천은 밀고자가 나무꾼이든 농부든 절대 막아서는 안 된다고 규정했다. 그리고 모든 밀고자는 5품관五品官의 대우를 받으며 낙양으로 보내져 태후로부터 직접 상을 받았다. 그들은 밀고가 거짓으로 밝혀져도 처벌받지 않았으며 태후의 구미에만 맞으면 즉시 승진하고 벼락부자가 되었다.

이에 사방에서 벌 떼처럼 밀고가 날아드는 바람에 조정 대신들은 하나같이 위협을 느꼈다.[21]

혹리도 이런 시대 흐름에 따라 생겨났다.

그것은 거의 필연이었다. 밀고 제도를 만든 목적은 본래 적의 사정을 파악하는 것이었지만 더 나아가 억울한 사건을 날조하려는 의도도 있었고 또 그 사건은 크면 클수록 좋았기 때문이다. 경천동지할 어마어마한 사건을 계속 날조해야만 그 기회를 틈타 공개되었거나 잠재된 정적을 없애 조정과 민간을 두려움에 떨게 만들 수 있었다. 이것은 법률을 존중하고 절차를 준수하는 정의로운 법관에 기대 이룰 수 없는 일이었다. 체제 밖에서 따로 자객을 찾아 인위적으로 도모할 수밖에 없

었다.

색원례素元禮가 바로 그런 살수였다.

색원례는 이민족이었고 설회의의 수양아버지이기도 했다. 어느 날 밀고를 해서 태후를 만났다가 바로 그녀가 관심을 갖는 사건을 맡아 처리하는 권력을 부여받았다. 그의 사건 처리 방식은 한 사람을 붙잡으면 수십, 수백 명을 연루시키고 그 어떤 작은 일도 큰 사건으로 만들어 버리는 게 특징이었다. 이로 인해 태후의 환심을 사서 그녀의 첫 정치적 하수인 중 한 명이 되었다.[22]

본보기의 힘은 대단했다. 색원례가 총애를 얻은 뒤로 정의는 무시하고 이익만 좇는 자들이 앞다퉈 흉내를 내 한 무리의 혹리 집단을 이루었다. 그들은 극히 비인간적이고 파렴치한 짐승 같은 자들로서 도덕적인 한계선이 아예 없었다. 이익만 보이면 어떤 나쁜 짓도 할 수 있었다.[23]

후사지侯思止와 왕홍의王弘義를 예로 들어보자.

왕홍의는 원래 지역 깡패로 갖은 악행을 저지르던 자였다. 그는 이웃에게 오이를 달라고 했다가 거절을 당하자, 바로 관청에 흰 토끼가 오이밭에 있다고 알렸다. 관청에서는 병사들을 보내 수색하게 했고 그 바람에 이웃의 오이가 죄다 밟혀 엉망이 되었다. 그는 또 정상적인 마을 행사를 진행하던 동네 사람을 모반죄로 무고하기도 했다. 그래서 **175** 200여 명이 살해당했고 그 자신은 공을 인정받아 혹리의 대열에 들어

---

22 두 『당서』 「혹리전」과 『자치통감』 203권 수공 2년 3월.
23 사마광이 이 사실을 서술하면서 이름을 거론한 혹리는 주흥과 내준신이며 그 시기는 수공 2년 3월이다. 그러나 두 『당서』 「혹리전」에 따르면 내준신이 글을 올려 무측천을 만난 시점은 천수 연간이므로 여기서는 내준신의 이름은 잠시 거론하지 않기로 한다.

갔다.

후사지는 원래 떡장수였다가 남을 무고해서 태후를 만날 기회를 잡았다. 그 자리에서 그는 염치없이 감찰관이 되고 싶다고 했다. 태후조차 터무니없다고 여겨 웃음을 참지 못했다.

"글자도 모르는 네가 어떻게 감찰관이 되겠다는 것이냐?"

그 소인배는 이렇게 답했다.

"해치解豸도 글자를 몰랐는뎁쇼."

해치는 전설 속의 신기한 양으로 시비를 가릴 줄 알았다. 형사 소송에서든 민사 소송에서든 이치에 어긋나는 쪽을 뿔로 받았다고 한다. 그래서 고대 법관의 모자는 해치 모양이었고 해치관解豸冠이라 불렸다. 무측천은 누가 미리 이 말을 하라고 그에게 일러준 것인지도 모르는데 그를 시어사로 임명했다.

사실 태후는 그들의 출신이 어떤지, 교양과 법률 지식이 있는지 없는지는 상관하지 않았다. 그런 것들은 전혀 중요하지 않았다. 그녀의 안색을 잘 살피고 지시에 복종하는 것이 중요했다. 무엇보다 비열하고 잔인한 것은 그녀에게 반항하는 것은 무익하고 헛수고라는 것을 모든 이가 알게 하는 것이었다. 이 기준에 따르면 혹리들은 모두 합격점을 받을 만했다. 예를 들어 어떤 지방관이 모반죄로 무고를 당해 불복했는데, 왕홍의는 다짜고짜 그의 목을 베고서 그를 대신해 자백서를 썼다.[24]

24 두 『당서』 「혹리전」과 『자치통감』 204권 천수 원년 7월

연도	연호	사건	밀고 원인
687	수공 3년	재상 유위지를 자결하게 함	부하의 밀고
		양민 양초성楊初成의 모반 사건	무산
		종실 이효일의 모반 사건	다른 사람의 무고
		도독都督 풍원상馮元常 사건	혹리의 무고
688	수공 4년	학상현의 모반 사건	무고와 혹리의 음해
		종실의 군사 반란 사건	무산
		재상 건미도 사건	무고와 혹리의 음해
689	영창 원년	종실 열두 명의 모반 사건	무산
		기왕紀王 이신李愼 사건	연루
		재상 위현동 사건	혹리의 무고
		장군 혹치상지黑齒常之 사건	혹리의 무고
690	재초 원년	재상 위방질韋方質 사건	혹리의 무고
		서왕舒王 이원명李元名 사건	혹리의 무고
		어느 지역민의 모반 사건	지역 건달의 무고
		도독 왕안인王安仁의 모반 사건	혹리가 살해
		이상금李上金, 이소절李素節 사건	혹리의 무고
		재상 배거도裴居道 사건	혹리의 무고
		종실 이영李潁 등 12인 사건	미상
		전중감殿中監 배승선裴承先 사건	혹리가 살해

밀고 제도 수립 이후 무측천의 칭제 전까지의 주요 사건 일람표

이런 식이면 처리하지 못할 사건이 어디 있겠는가?

그 당시 밀고가 얼마나 유행했고 공포 정치가 어느 정도에 이르렀는지 명확히 알려주는 통계 자료는 없다. 이를테면 태후가 매년 몇 통의 밀고 편지를 받았는지, 몇 명의 밀고자를 접견했는지, 또 그중에서 사실과 무고의 비율은 얼마나 되는지 알 수는 없다. 하지만 앞의 표를 보면 문제의 핵심이 어디에 있었는지는 어렵지 않게 파악할 수 있다.

이 열아홉 건의 사건 중 따로 원인이 있었던 유위지 사건과 전후 사정이 알려지지 않은 '이영 등 12인 사건'을 제외하면 겨우 세 건의 모반 사건만 사실이었고 나머지 열네 건은 날조된 사건이었다. 또 그중에서도 다른 사건에 연루된 것이 한 건, 다른 사람에게 무고를 당한 것이 두 건, 무고에 혹리의 음해가 겹친 것이 두 건, 혹리가 살해한 것이 두 건, 혹리 자신이 무고한 것이 일곱 건이었다. 날조 사건이 밀고 및 혹리와 어떤 관계가 있었는지는 굳이 설명할 필요도 없다.

그러면 그자들은 어떻게 번번이 목적을 달성할 수 있었을까?

고문으로 자백을 강요하고 위협과 유혹을 병행했기 때문이다. 그들은 일련의 혹형을 발명했고 심지어 『나직경羅織經』이라는 실용 지침서를 편찬하기까지 했다. 그 기본 원칙은 두 가지였다. 첫째, 고문은 꼭 상대가 차라리 죽는 게 더 낫다고 생각할 정도로 심하게 했다. 둘째, 즉시 자백하면 육체적 고통을 면해주고 남을 고발하면 죽음도 면할 수 있게 해주었다. 그 결과, 수많은 이가 심문실만 들어가면 거짓 자백을 쏟아냈으며 사건이 눈덩이처럼 커졌다.

서경진徐敬眞 사건이 바로 그랬다.

이 사건은 성모신황이 스스로 자기 이름을 무조武瞾라고 짓기 세 달 전에 일어났으며 사건의 정황이 복잡해 앞의 표에는 넣지 않았다. 간단히 말하면 서경업의 동생 서경진이 도망치던 중에 체포당했는데, 살기 위해 여러 조정 대신을 무고했다. 그중에는 양주 반란의 공신 위원충도 끼어 있었다. 그것은 억울한 사건인 게 너무 명백해서 사형이 임박했을 때 무측천은 사신을 보내 죄를 사하게 했다. 사신은 늦을까 염려되어 먼저 기병을 보내 형장에 소식을 전달하게 했다. 형장에 온통 환호성이 울려퍼졌다.

그런데 위원충은 앉아서 꼼짝도 하지 않았다. 그는 말했다.

"아직 진위를 알 수 없다."

사신이 헉헉대며 달려와 위원충에게 말했다.

"대인은 일어나십시오!"

위원충이 또 말했다.

"아직 칙령을 읽지 않았잖소."

사신이 얼른 칙령을 읽은 뒤에야 위원충은 천천히 일어나 성은에 감사를 표했다. 정사의 기록에 따르면 본래 먹구름이 잔뜩 끼어 있던 하늘이 갑자기 활짝 개었다고 한다.

179 나중에 무측천이 위원충에게 물었다.

"왜 자꾸 사람들이 자네를 고자질하는 거지?"

위원충의 답은 이랬다.

"사냥꾼이 솥에 사슴고기를 안치려 기다리고 있는 형국이지요."[25]

사실 그의 말은 반만 맞았다. 무측천을 계산에 넣지 않았다면 말이다. 사실 혹리들은 사냥개였을 뿐, 진짜 사냥꾼은 무측천이었다. 그리고 그녀의 사냥감은 위원충이 아니라 황위였다. 하지만 그녀는 한고조나 당태종처럼 황위를 얻기 위해 전쟁을 벌일 일은 없었으므로 휘하에 전사는 없고 *끄*나풀만 있었으며 혹리 집단과 그들이 수행하는 특무 정치를 11년이나 실시했다.[26]

그런데 그 11년간 절대 반지가 깨지고 그 안의 '심마心魔'가 밖으로 나왔다. 그것은 인간의 마음속에 잠재된 악이었다. 그 악은 원래 인간의 양심과 윤리 도덕에 의해 갇혀 있던 것이었는데 무측천에 의해 해방되었다. 따라서 우리는 묻지 않을 수 없다. 이런 사람이 무슨 성모신황이란 말인가? 또 무슨 미륵불의 현신이란 말인가? 늙은 무당이나 여마두라고 하는 게 옳지 않은가!

그런데 심마를 해방시킨 신황 무측천은 여황이 되기로 결정했다. 절대 반지가 해제됨에 따라 모든 장애물이 제거되었기 때문이다. 남은 일은 보일락말락 얼굴을 반쯤 가렸던 베일을 벗고 정식으로 황제의 새 옷으로 갈아입는 것뿐이었다.[27]

다만 그 일은 남의 손을 빌려야 했다.

25 두 『당서』 「위원충전」과 『자치통감』 204권의 영창 원년 8월

26 일반적으로 혹리 집단과 공포 정치의 마지막은 만세통천 2년(697) 6월, 내준신의 피살로 보고 있다. 후지, 『무측천본전』 참고.

27 제효 원년(690) 7월, 당고종과 소숙비 사이의 두 아들이 혹리 주흥의 무고로 죽었고 8월에는 위협이 될지도 모르는 이씨 종실 열두 명이 살해당했다.

혁명 전후

베일은 일련의 '청원 활동'으로 걷혔다.

재초載初 원년(690) 9월 3일, 그러니까 설회의와 동위국사東魏國寺의 승려가 무측천이 미륵불의 현신이라고 천명한 지 두 달 뒤, 이른바 '관중 땅의 노인關中父老' 900여 명이 궁문에 와서 주청하길, 국호를 대주大周로 바꾸고 예종 황제의 성도 무씨로 갈라고 했다. 그들의 맨 앞에 서 있었던 사람은 부유예傅游藝라는 말단 관리였다.

이 일은 우스꽝스러운 동시에 의심스럽다. 제국의 정부가 언제 백성이 모여 궁문 앞까지 행진하는 것을 허용한 적이 있었던가? 그리고 하남 급현汲縣 사람인 부유예는 조정의 감찰 관원이었는데 어째서 머나먼 섬서陝西 땅까지 가서 900명의 노인을 인솔해왔을까? 그들은 또 어째서 대담하게 국호를 바꾸라는 요구를 했을까? 설마 목이 떨어지는 게 무섭지도 않았을까?

물론 이를 추궁한 사람은 없었다. 무측천도 전례 없이 너그러웠다. 그녀는 상냥한 어조로 백성의 청원을 거절하고는 부유예의 관등을 열 계단이나 높여줬다. 그래서 그는 종7품상 시어사에서 정5품상 급사중給事中까지 승진했다.[28]

청원도 뒤따라 업그레이드되었다. 인원이 900명에서 6만 명으로 늘었고 참여자도 실업자에서 왕공과 대신, 이민족 추장, 승려와 도사로 바뀌었으며 예종 황제까지 글을 올려 자청해서 무씨가 되겠다고 했다. 그리고 더 중요한 것은 사흘째에 봉황이 명당에서 궁으로 날아들어 오동나무 위에 앉는 것을 보았다고 신하들이 입을 모아 주장한 것이었다. 그다음에는 또 대주의 화덕火德을 상징하는 몇만 마리의 주작이 날아와 명당에 모였다고 했다.

하늘의 뜻과 민심이 다 이랬으니 무측천은 더는 사양할 수 없었다. 그래서 7일에 신민의 청원에 응한다고 선포하고서 정식으로 천명을 받아들일 날짜를 정했다. 그날은 이틀 뒤인 9월 9일이었다. 그해, 그녀는 66세였다.

그날, 무측천은 낙양 자미궁紫微宮 정남문正南門으로 갔다. 그 문은 수양제가 대업大業 원년(605)에 지은 것으로 당시에는 측천문則天門이라 불렸다. 양제는 80년 뒤 한 여인이 이곳에서 황위에 오르고 마지막에 무측천이라 불리게 될지는 당연히 몰랐을 것이다. 측천은 하늘을 법칙으로 삼는다는 뜻이다. 그리고 새 황제는 그해의 연호를 천수天授로 바꿨

---

28 당나라의 관제에서 관등 9품은 정, 종, 상, 하로 나뉘었다. 시어사는 종7품상, 급사중은 정5품상이었다. 정7품하, 정7품상, 종6품하, 종6품상, 정6품하, 정6품상, 종5품하, 종5품상, 정오5품하, 정5품상, 이렇게 열 계단을 승진했다. 『구당서』 「직관지일職官志一」 참고.

으니, 하늘이 내린 권한을 받았다는 뜻이었다. 이때 그녀의 존호는 성모신황에서 성신聖神황제로 바뀌어 있었다.[29]

여자 황제가 상서로운 구름 아래, 찬송의 노래 속에서 탄생했다.

이상한 조짐도 없었고 잡음도 없었다. 거듭 상소를 올려 혹리와 가혹한 정치를 비판했던 진자앙陳子昻조차 혁명의 격정이 가득한 찬미의 시를 썼다. 멀리 호남湖南 낭주朗州의 암탉도 수탉으로 변했다고.[30]

이때 중국 역사상 최초이자 유일한 여황은 자기가 위대한 혁명을 수행하고 있다고 깊게 믿었다. 사실 고대 중국에서 혁명이란 천명을 바꾼다는 뜻이었다. 상나라가 하나라의 천명을 바꾸고 주나라가 상나라의 천명을 바꾼 것이 그 예다. 그런데 상나라의 탕왕湯王과 주나라의 무왕武王은 이미 기울어진 전 왕조를 수월하게 무너뜨린 감이 없지 않았지만, 무측천은 전 왕조가 번창하던 시절에 여성으로서 힘 대 힘으로 남권을 전복시켰으니 한층 더 혁명으로 간주해야 하지 않을까?

당연히 그렇다. 더욱이 유사 이래 처음 있는 일이었고 이는 무측천 같은 여인만이 감히 상상하고 완수할 수 있었다. 사실 칭제하기 열 달 전에 그녀는 이름을 무조武曌로 바꿨다. 조曌는 분해하면 해日와 달月이 하늘空에 걸려 있는 것이며 나아가 해와 달이 모두 없는空 것이기도 하다. 이것의 의미는 더할 나위 없이 명확하다. 그녀는 만약 하늘이 혁명을 막으면 하늘의 명을 바꾸려 했고, 하늘이 유리한 상황을 내주지 않으면 직접 유리한 상황을 만들려 했다. 또 누가 나서서 반대를 표시하

29 이상의 서술은 『자치통감』 204권 천수 원년 7월부터 9월 항목과 두 『당서』 「측천황후기」 참고.
30 진자앙의 「대주수명송大周受命頌」과 『신당서』 「측천황후기」 참고.

면 모두가 감히 입을 열지 못하게 하려 했다.

하지만 혁명은 이미 성공했고 왕조는 새로운 기상이 필요했다. 이때 혹리들이 또다시 유용하게 쓰였다. 단지 이번에는 그들의 머리를 잘라 사람들의 상처를 달래고, 망령을 위로하고, 민심을 안정시키려 했다. 여황은 사람들에게 어둠과 공포는 그 망할 당나라에만 속하고 무조는 밝은 하늘임을 인식시키겠다고 결심했다. 밝은 하늘에 해와 달만 높이 걸려 있어야 하는데 어찌 온갖 잡것의 횡행을 더 용납하겠는가?

혹리들을 죽여야 했다. 혹은 일부만 죽이고 일부는 남겨야 했다.

이에 여황이 등극한 지 네 달 뒤, 한 혹리가 살해되었다. 그자의 이름은 구신적丘神勣이었으며 마음이 독하고 하는 짓이 악랄해서 수도 없

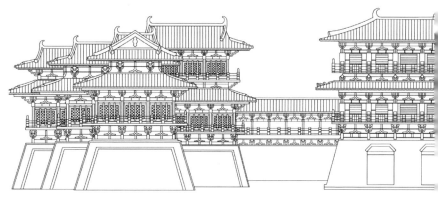

측천문 복원도
양훙쉰이 복원. 『양훙쉰 건축고고학 논문집』을 참고.

이 많은 사람을 죽였다. 폐태자 이현도 그의 손에 당했고 이충李沖의 쿠데타를 평정할 때는 그 지역의 거의 모든 사람을 몰살시켰다. 이런 작자는 당연히 백 번 죽어 마땅했다.[31]

다음은 주흥周興의 차례였다.

주흥도 양민을 숱하게 죽였다. 앞에서 언급한 혹리들의 무고 사건 중 학상현 사건, 위원충 사건, 위현동 사건이 바로 그의 작품이었다. 그가 여황에게 버림받은 것은 그가 구신적과 공모를 했다고 누가 고발했기 때문이었다.[32]

그를 심문한 사람은 내준신이었다.[33]

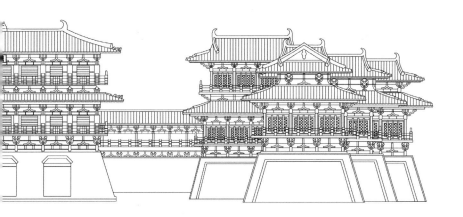

31 구신적은 두 『당서』에 전기가 있다. 그가 죽은 시기를 『구당서』는 천수 2년 10월로 보며 『자치통감』 204권은 같은 해 1월로 본다. 여기서는 『자치통감』의 견해를 따랐다.

32 주흥이 날조한 사건들로는 풍원상 사건, 흑치상지 사건, 위방질 사건, 택왕澤王 이상금과 허왕許王 이소절 사건 등이 있다.

33 내준신이 입신출세한 시점을 두 『당서』 「혹리전」에서는 모두 모호하게 '천수 연간'이라고 말한다. 『당회요』 「혹리」에서는 재초 원년 9월이라 하고 『자치통감』 204권의 천수 원년 7월 항목에는 이미 "내준신, 후사지를 만나면 필히 죽었다"라는 내용이 적혀 있다. 그해 9월에 연호가 바뀌었으므로 천수 원년 7월은 곧 재초 원년 7월이다. 내준신은 혁명 전야에 혹리가 된 게 틀림없다.

내준신도 악랄하기로 유명했다. '구즉사求卽死' 같은 혹형을 여럿 발명했고 『나직경』도 그가 편찬했다고 한다. 이번에 여황의 명을 받들어 주흥을 심문하면서 그는 더욱 능숙하고 여유만만했다. 우선 주흥과 함께 밥을 먹으면서 성실한 태도로 가르침을 청했다.

"범인이 자백을 거부하면 무슨 방법을 써야 합니까?"

주흥은 답했다.

"아주 쉽습니다! 커다란 항아리를 구해다가 사방을 목탄으로 달군 뒤 범인을 그 안에 집어넣으면 뭐든 자백하게 돼 있죠."

내준신은 그 말대로 준비를 마치고 주흥에게 말했다.

"들어가시지요!"

주흥은 날벼락을 맞은 듯 혼이 쏙 빠졌다. 결국 그는 여황의 은혜로 감형을 받아 영남嶺南 지역으로 유배를 가게 되었고 도중에 원수에게 죽음을 당했다. 그자는 비록 자신의 발명품에 대해 특허 신청을 하지는 못했지만 '청군입옹請君入甕'(어서 항아리 속에 들라는 말로 제 도끼에 제 발등을 찍힌다는 의미)이라는 사자성어를 남겼다.[34]

색원례의 죽음도 대동소이했다. 이자가 자백을 받기 위해 쓴 고문은 죄수에게 쇠 모자를 씌우고 뇌수가 흘러나올 때까지 쐐기를 찔러 넣는 것이었다. 그래서 그가 죄수가 되었을 때 심문하는 사람이 물었다.

"쇠 모자를 쓰기를 원하는가?"

당연히 쓸 필요가 없었다. 결국 색원례는 외롭게 감옥에서 숨을 거 **186**

---

34 『신당서』 「내준신전」에 첨부된 「주흥전」과 『자치통감』 204권 천수 2년 1, 2월 항목 참고.

됐다.[35]

반년 뒤에는 부유예가 감옥에서 자살했다. 그의 불행은 부주의하게 터무니없는 꿈을 꾸고 또 부주의하게 그 꿈을 가장 친한 사람에게 자랑삼아 떠들어낸 데 있었다. 결국 그는 밀고를 당해 모반 혐의로 투옥되었다. 그때는 그가 관중의 노인들을 이끌고 궁문 앞에 가서 청원을 한 지 딱 2년이 지난 시점이었다.

내준신은 계속 위세를 떨치다가 주흥과 색원례가 죽은 지 6년 반이 지나서야 모반죄로 사형을 당했다. 법정에 출두해 증언한 사람은 태평공주와 무씨 가문의 여러 왕이었다. 이유는 간단했다. 그 혹리가 기상천외하게도 이씨와 무씨, 두 황실의 성원을 몽땅 억울한 옥사에 끌어들이려 했기 때문에 그들이 먼저 힘을 합쳐 그 잔혹한 악마를 형장으로 보내려 한 것이었다.

이 사형은 공개적으로 집행되었다. 아마도 그의 입에는 나무 공이 틀어박혀 있었을 것이다. 그것은 학상현이 피살된 후 정해진 규칙이었다. 내준신이 알고 있는 비밀이 더 많았으니 당연히 더 입을 열게 해서는 안 되었다. 그의 눈을 파내지 않은 것만 해도 자비를 베푼 것이었다.

사형 집행일에 낙양 사람들은 모두 거리로 몰려나와 그 악인의 최후를 구경했다. 그자의 목이 땅에 떨어지자마자 사람들은 우레와 같이 환호하며 앞으로 달려나와 그의 시체를 빼앗고 물어뜯었다. 그 기세가 너무나 크고 광적이어서 도저히 막을 수 없었다.

187

---

35 『신당서』「색원례전」

삽시간에 내준신의 시체는 너덜너덜해졌다.

여황은 또다시 백성의 감정을 따랐다. 그녀는 정식 문서의 형식으로 내준신이 저지른 죄가 극악무도하다고 선포했다. 그가 한때 자신의 가장 유능한 주구였는데도 말이다. 동시에 내준신의 매관매직을 도운 관리들을 너그러이 용서했다. 그 관리들은 이렇게 말했다.

"나라의 법을 어지럽혀 죽어 마땅한 자는 내준신 한 명뿐입니다. 내준신의 눈 밖에 나면 바로 멸족을 당하곤 했습니다!"[36]

여황은 침묵을 지켰다. 그것은 원래 그녀가 쌓은 업보였기 때문이다. 그녀가 눈감아주고 몰래 사주하지 않았다면 내준신 같이 보잘것없는 자가 어떻게 감히 그런 악행을 저질렀겠는가?

실제로 다음의 일람표를 보면 혹리들이 무측천의 도구에 불과했음을 알 수 있다. 그리고 억울한 사건은 혁명이 끝난 뒤에도 완전히 사라지지 않고 생겨야 할 때 꼭 다시 생기곤 했다. 여황은 피아노 연주는 못했겠지만 리듬감 하나는 확실히 뛰어났다.

하지만 그녀는 계속 시치미를 뗐다. 내준신이 죽은 지 세 달 뒤, 무측천은 훗날 명재상이 되는 요숭姚崇에게 물었다.

"당년에 짐도 주흥, 내준신 등이 보고한 그 많은 모반 사건 가운데 혹시 무고가 있지 않은지 의심이 들었네. 하지만 측근 대신들을 보내 조사를 시키면 다 증거가 확실하고 자백도 맞아떨어졌지. 대신들이 직접 감옥까지 가서도 진상을 밝혀내지 못한 것은 무엇 때문인가?"

188

연도	연호	월	사건
686	수공 2년	3월	밀고 제도 수립
			색원례 등의 혹리 출현
688	수공 4년	5월	태후가 성모신황이라 칭함
		8월	이충의 쿠데타로 다수의 종실이 피살
		12월	명당이 준공되어 만상신궁이라 불림
689	영창 원년	11월	주나라 역법을 쓰기 시작했고 연호를 재초로 바꿨으며 신황이 무조로 개명을 함
690	재초 원년	4월	혹리 집단이 출현
		7월	설회의가 신황이 미륵불의 현신이라고 주장
		8월	재상, 중신, 종실이 대규모로 피살
	천수 원년	9월	무주武周 혁명으로 연호를 천수로 바꿈
691	천수 2년	1월	혹리 구신적을 살해
		2월	혹리 주흥이 유배 도중에 사망
			혹리 색원례가 옥중에서 사망
692	천수 3년	1월	내준신이 적인걸의 모반 사건을 날조
693	장수 2년	1월	이단에 대한 내준신의 무고가 미수에 그침
694	연재 원년	9월	혹리 왕홍의가 피살
697	신공 원년	연초	내준신과 무의종 등이 대규모 날조 사건을 터뜨림

혹리들의 흥망성쇠와 주요 사건 일람표

요숭은 이렇게 답했다.

"그들 자신도 안전을 장담하기 어려웠는데 어떻게 감히 진실을 말했겠습니까?"

바로 그랬다. 여황은 매우 만족스러워했다.

"예전 재상들은 하나같이 주흥 등에게 순응해 짐을 잔혹한 군주로 만들곤 했지. 그대의 말을 들으니 짐의 마음에 매우 부합하는군."[37]

이는 자기도 모르게 요숭의 말을 곡해한 발언이었다. 그녀는 자신의 측근 대신조차 혹리의 위세에 벌벌 떤 것이 대체 누구의 잘못 때문이었는지 생각하지 않은 걸까? 그녀는 그런 생각을 했을 리 없고 그런 말을 했을 리는 더더욱 없다. 왜냐하면 그녀는 언제나 옳았기 때문이다. 지금 그녀는 황제의 옥좌 위에 높이 앉아 자비로운 눈매와 넓은 도량과 보살의 마음을 과시하고 있었지만, 자신의 그 영원한 청춘의 미소를 띤 얼굴에 가득 묻은 핏자국은 깨닫지 못한 듯했다.

190

정의와 양심

무측천이 인정하지 않았지만 역사는 모르고 지나치지 않았다.

사실 조금만 관심을 갖고 앞의 일람표를 다시 살펴보면 그 안의 규칙성을 어렵지 않게 찾아낼 수 있다. 우선 모든 사건은 상층 계급을 겨냥했다. 피해자는 고관이 아니면 종실이었다. 하급 관리나 일반 민중은 없었다. 그리고 혹리의 중용과 사건의 날조는 단계적으로, 또 간헐적으로 이뤄졌다. 그중에서도 수공 2년(686) 3월부터 재초 원년(690) 8월까지 사건이 가장 집중되어 그야말로 피가 강을 이뤘다.

그러면 이 시기 전후에 무슨 일이 있었던 걸까?

수공 2년 정월에는 정권을 반환하는 척을 했고 재초 원년 9월에는 무주武周 혁명이 있었다.

그 대숙청의 목적은 반대파의 제거, 즉 무주 혁명을 반대하는 모든 사람의 제거였음을 알 수 있다. 그들이 공개적으로 반대했든 몰래 반대했든, 나아가 반대하는 것으로 의심됐든 반대한다고 무고를 당했든 일률적으로 엄히 다스렸다. 심지어 일단 죽이고서 보고하기도 했다.

그렇다. 설령 천 명을 죽이게 될지라도 단 한 명도 놓치지 않으려 했다.

이랬으니 혹리를 중용하지 않을 수 없었다. 그리고 토끼가 죽고 나서는 그 개들을 푹 삶아 신하와 백성을 위로하기 위한 수프로 삼아도 무방했다. 이에 역사는 희생양을 도살하는 단계로 접어들어 1년 중 아홉 달 동안 구신적, 주흥, 색원례, 부유예 등을 차례로 잡아 죽였다. 마치 4년간의 채무를 단번에 청산하는 듯했다.

그런데 사실은 그렇지 않았다. 여황은 혹리를 다 죽이지는 않았다. 내준신은 남겨놓았다. 게다가 그의 작태는 그전보다 더 심하면 심했지 못하지는 않아서 이씨와 무씨, 두 황족에까지 마수를 뻗었다. 하지만 그런데도 여황은 그에게는 손을 쓰려 하지 않았다. 모두가 미워하는 그 자에게 마치 아쉬운 정이라도 있는 듯했다.

어느 날 여황이 정원에서 말에 올라 쉬고 있었다. 그때 그녀를 위해 고삐를 끌던 재상 길욱吉頊 역시 혹리에 속하는 부하였다. 그녀가 지나가듯 무심하게 물었다.

"요즘 궁정 안팎에 어떤 일, 어떤 논란이 있는가?"

"내준신에 대한 판결문이 아직 비준되지 않은 게 이상할 뿐입니다."

"내준신은 어쨌든 나라에 공이 있지 않은가?"

"그자는 나라의 적이니, 죽여도 전혀 애석할 게 없습니다!"[38]

여황은 말이 없었다. 그녀는 혹리를 중용하면 후유증이 크다는 것을 알고 있었다. 하지만 안타깝게도 권력 투쟁이 여전히 한창이어서 그 주구들이 없으면 곤란했고 심지어 길욱이나 당질堂姪인 무의종武懿宗 같은 신진까지 길러내야 했다. 어쨌든 그녀는 이미 고령이어서 남은 날이 많지 않았으므로 후계자 책봉도 민감한 정치적 문제가 돼 있었다. 그녀의 남다른 총명함과 풍부한 경험에 비춰보면 혹리는 꼭 필요했다.

그러나 비열한 밀고자를 농락하는 것 정도는 별로 문제가 안 됐다.

그 일은 무주 혁명이 있은 지 1년여 뒤에 일어났다. 미륵불을 자처하던 여황은 짐승을 도살하거나 물고기를 잡는 것을 금했다. 그런데 장덕張德이라는 하급 관리가 아들을 얻은 것을 축하하기 위해 금령을 어기고 양을 죽여 잔치를 열었다. 당시만 해도 내준신 같은 자가 창궐하던 때였으므로 그 잔치에 갔던 자에 의해 밀고 편지가 어전에 날아들었다. 증거가 확실하다는 것을 강조하기 위해 그 편지에는 양고기 한 덩이까지 첨부되어 있었다.

장덕은 잔치를 벌인 게 자신의 운명을 바꿀 줄은 꿈에도 생각하지 못했고 이튿날 평소처럼 조정에 나갔다.

여황이 인자한 낯으로 그에게 말했다.

"그대가 아들을 얻었다고 들었네. 축하하네!"

193 그는 대열에서 앞으로 나와 감사의 절을 했다. 그런데 갑자기 여황의

안색이 변했다.

"양고기는 어디서 났는가?"

장덕은 혼비백산해서 엎드린 채 마늘 찧듯 이마를 바닥에 두드렸다. 여황의 말투가 다시 변했다.

"짐이 살생을 금하기는 했지만 집안의 큰 경사는 예외일세. 다만 그대는 앞으로 손님을 초대할 때 먼저 사람을 잘 살피는 게 좋을 듯하네."

말을 마치고서 그녀는 밀고 편지를 신하들에게 돌려 읽게 했다. 모두가 당장 그 밀고자의 얼굴에 침을 못 뱉는 것을 한스러워했다.[39]

이 이야기는 사람들의 마음을 후련하게 하는 동시에 여황 폐하의 정치적 지혜를 충분히 드러낸다. 그렇다. 그녀는 자신의 이미지를 개선할 필요가 있었으며 사회의 기풍도 어느 정도 바꿀 필요가 있었다. 어쨌든 밀고는 떳떳한 일이 아니고 장려할 일은 더더욱 아니었다. 그런 얄은 수작으로는 왕조의 장기적인 평안을 결코 확보할 수 없었다.

전쟁이 단지 전쟁을 통해서만 없어지는 것처럼 고발도 고발을 통해서만 억제된다. 이것이 바로 무측천이 밀고자를 내친 원인이었다. 더욱이 정치 투쟁에서 한 걸음 물러서기만 하면 그녀의 호오도 우리처럼 지극히 정상이었다.

몇몇 올바른 대신은 더더욱 그러했다.

유인궤를 예로 들어보자.

---

39 이 사건은 『자치통감』 205권 장수 원년 5월 항목에 나오며 이 금령은 8년 뒤 봉각사인鳳閣舍人 최융崔融의 간언에 의해 폐지되었다. 금령을 어긴 장덕의 관직은 종8품상 우습유右拾遺였다. 그리고 고발자는 두숙杜肅으로 종7품상 보궐이었는데 좌·우보궐 중 어느 쪽이었는지는 확실하지 않다. 하지만 이치대로라면 우보궐이었을 가능성이 크며 두 사람은 함께 중서성의 관리였다.

여황의 예불

룽먼석굴의 노사나대불盧舍那大佛

예불탑(천당) 복원도

여황이 불교를 장려해 단시간에 조정과 민간에서 불법이 성행했다. 무측천은 신도 낙양에 있던 명당에 이웃해 예불탑을 짓게 하고 이름을 '천당'이라 지었다. 아울러 공양인의 신분으로 룽먼 석굴을 파는 데 자금을 댔다. 룽먼에서 가장 유명한 노사나대불이 무측천의 얼굴을 토대로 제작되었다는 설도 있다.

정권을 장악하고 나서 태후가 칼을 치켜들고 거추장스러운 자들을 제거할 때, 원로 대신 유인궤도 한 수 거들기는 했지만 그가 제거한 자는 전혀 다른 종류의 사람이었다. 배염이 체포된 뒤 어떤 관리가 낙양에서 장안으로 파견을 나왔다. 장안을 지키던 유인궤가 사건의 정황을 묻자, 그자는 고소하다는 듯이 말했다.

"저는 배염이 심상치 않다는 것을 진작에 알아봤죠."

하지만 유인궤는 안색의 변화 없이 계속 캐물었다.

"정말 알아봤나?"

"물론이죠."

이에 유인궤는 말했다.

"내가 상주문을 쓸 텐데 번거롭더라도 가져가서 태후께 올려주게."

그자는 기뻐하며 그러겠다고 했다. 나중에 태후가 상주문을 펼쳐보니 안에는 딱 한마디가 적혀 있었다.

"이 글을 가져간 자는 배염이 모반한 것을 알고도 고발하지 않았습니다."

태후는 읽자마자 그 소인배를 끌어내 죽이라고 명했다.[40]

또 왕경지王慶之라는 자도 희생물이 되었다. 무측천이 칭제를 하고 1년 뒤, 그자는 남의 사주를 받고 수백 명의 사람을 모아 궁문 앞에서 집단 청원을 했다. 황제에서 황사皇嗣(황자)로 떨어진 이단 대신 다른 인물을 태자로 세우라는 것이었다. 그는 역시 집단 청원을 했던 부유예

196

---

40 『신당서』 「유인궤전」과 『자치통감』 203권 광택 원년 9월

처럼 자기도 승진하고 벼락부자가 될 줄 알았다. 안타깝게도 그 멍청이는 부유예가 얼마 전에 옥사한 것을 까먹고 있었다. 결국 여황은 귀찮은 나머지 봉각시랑(중서성 차관) 이소덕李昭德에게 혼을 좀 내주라고 명했다.[41]

이소덕의 아버지는 저수량을 탄핵한 적이 있었고 그도 아버지 못지않게 강단이 있었다. 여황이 황제로 등극하고 2년 뒤에 누가 상서롭다며 흰 돌을 바쳤는데, 그 이유가 흰 돌의 겉면에 나타난 붉은 무늬로 그 돌의 충성스러움을 알 수 있어서라고 했다(중국어 홍신紅心은 충성심을 뜻한다). 하지만 이소덕은 버럭 화를 내며 꾸짖었다.

"너는 이 돌이 충성심이라고 하는데, 설마 다른 돌은 전부 역적이라는 것이냐?"

모두 장내가 떠들썩하게 웃었고 그 아부꾼은 얼굴이 시뻘게졌다.

왕경지가 그런 이소덕의 손에 걸려들었으니 말로가 어땠을지는 능히 짐작할 만하다. 그는 당장 궁 밖으로 끌려가 조리돌림을 당했고 이소덕은 화내며 소리쳤다.

"이놈이 감히 우리 황사를 폐하려는 망상을 품다니!"

왕경지는 매질을 당하다가 입과 코로 피를 쏟으며 죽었다.[42]

이것도 아마 간접적인 애국에 속할 것이다. 비록 그 소인배들이 다소 가엾기는 하지만 말이다.

197 그러나 이소덕은 마지막에 내준신의 무고로 목숨을 잃었으며 내준

---

41 두 『당서』 「측천황후기」에는 모두 이소덕이 봉각시랑이 된 것은 이 일이 발생한 후라고 적혀 있다. 여기서는 『자치통감』 204권 천수 2년 10월 항목의 내용을 따랐다.

42 왕경지의 일화는 『자치통감』 204권의 천수 2년 10월 항목에 나오며 돌에 관한 일화는 『자치통감』 205권 장수 원년 8월 항목과 두 『당서』 「이소덕전」에 나온다.

신도 똑같은 죄명으로 같은 날, 같은 형장에서 죽었다. 이 일을 두고 제국의 신민들은 어리둥절하는 동시에 희비가 교차했다. 충신과 혹리가 어떻게 운명이 똑같을 수 있단 말인가?[43]

재상 두경검杜景儉은 이소덕을 구하려다 좌천되었다. 당시 두경검은 서유공徐有功, 내준신, 후사지와 함께 4대 법관으로 불렸고 일하는 방식과 생각이 다른 이와 완전히 달랐다. 두경검과 서유공은 어떻게든 사실을 근거로 삼고 법률을 기준으로 삼으려 했다. 그래서 당시에 "내준신, 후사지를 만나면 죽고 서유공, 두경검을 만나면 산다"라는 말이 유행했다.[44]

이는 당연히 공포정치와는 결이 맞지 않았지만 무측천은 의외로 두경검과 서유공을 믿고 중용했다. 서유공은 부득이 말하길 "사슴이 숲을 나오니 부엌과 멀지 않습니다. 폐하는 신을 법관으로 등용해 직무때문에 죽게 만들려 하십니다!"라고 했다.[45]

여황이 사직을 못하게 했는데도 서유공은 뜻밖에 천수를 다 누리고 죽었다. 사실 그는 죽음의 신과 여러 번 맞닥뜨렸지만 아랑곳하지 않고 자기 생각대로 공정과 정의의 원칙을 고수했다. 이 때문에 여황 폐하는 그에 대해 애증이 교차하곤 해서 한번은 막무가내로 물었다.

"그대가 사건을 처리하면 잘못 풀어주는 자가 왜 그렇게 많은가?"

서유공은 답했다.

"잘못 풀어주는 것은 신의 작은 과오지만 생명을 아끼고 사랑하는   **198**

---

43 이 사건은 『자치통감』 206권 신공 원년 6월 항목에 나온다. 이소덕이 살해당한 원인 중 하나는 권력이 너무 크고 자기주장이 강해서 무측천이 꺼렸기 때문이었다.

44 두경검은 『신당서』에는 두경전杜景佺으로 적혀 있다. 그가 이소덕을 구하려 한 일은 『신당서』 「두경전전」에만 나와 있다. 4대 법관에 관한 내용은 두 『당서』 「두경검전」 참고.

45 『신당서』 「서유공전」

것은 성인의 큰 덕입니다."

여황은 할 말이 없었다.[46]

그러나 서유공 혼자의 힘으로 세상을 바꿀 수는 없었다. 그가 요행히 화를 면한 지 두 달 뒤, 황사 이단이 반란을 꾀한다는 무고를 당했다. 이단의 측근들은 내준신의 고문에 못 이겨 거짓 자백을 할 것으로 예상되었다. 그런데 태상시太常寺의 악공 안금장安金藏이 갑자기 고함을 질렀다.

"대인이 황사가 모반하지 않은 것을 못 믿으신다면 제가 심장을 꺼내 보여드리겠습니다!"

말을 마치자마자 그는 칼을 들어 자신의 배를 갈랐다. 오장이 다 드러나고 바닥이 피로 물들었다.

실로 참혹하고 비장한 광경이었다.

악공 안금장의 그 용기 있는 행위는 옥리들뿐만 아니라 여황까지 놀라게 했다. 그녀는 그를 어가에 태워 궁 안으로 데려와 어의에게 치료를 받게 했다. 그는 이튿날이 돼서야 겨우 정신을 차렸다. 그때 병상 옆에 서 있던 여황이 탄식하며 말했다.

"짐의 아들이 스스로 결백함을 밝히지 못한 탓에 네가 이토록 큰 고초를 겪었구나!"

말을 마치고 그 냉정한 무측천은 뜻밖에도 뜨거운 눈물을 흘렸다.[47]

정의와 양심은 사실 영원히 존재한다.

---

46 두 『당서』 「서유공전」과 『자치통감』 205권 장수 2년 정월
47 『신당서』 「안금장전」과 『자치통감』 205권 장수 2년 1월

머리 위에 마치 시퍼런 칼날이 놓인 듯했던 이단은 겨우 화를 면했고 내준신은 조금 주춤하긴 했어도 다시 횡포한 짓을 이어갔다. 이는 그 연극이 끝나려면 아직 멀었음을 의미했다. 사실 안금장은 여황을 감동시키기는 했지만 군주제를 뒤흔들지는 못했다. 황권의 쟁탈과 관련하여 새로 등장할 배역이 아직 남아 있었다.

제5장

글자 없는 비석

적인걸은 무측천의 적수인 동시에 구세주였다.
그의 은근한 충고와 가르침 덕분에 무측천은 권모술수에 능한 여자 정객에서
열린 마음의 정치가로 변모할 수 있었다.

누가 후계자가 될 것인가

왕경지를 때려죽인 뒤, 이소덕은 무측천과 이야기를 나눈 적이 있었다.

이야기의 내용은 당연히 후계자 문제였다. 이것은 국가의 대사이면서 여황의 걱정거리여서 이야기하지 않을 수 없었다. 하지만 왕경지 같은 자는 그런 이야기를 할 자격이 없었고 그저 망령된 주장을 했을 뿐이었다. 태자는 나라의 근본이고 태자를 세우는 것은 원대한 계획인데, 일개 소인배가 이러쿵저러쿵 품평을 늘어놓게 해서야 되겠는가?

하물며 여황은 당시 갈등 중이었다.

갈등할 만도 했다. 옛날 진시황은 미리 태자를 세우지 못한 탓에 2대 만에 나라가 망했다. 진무제는 종법 제도를 엄수한 결과로 역시 2대 만에 망했다. 한무제는 태자를 세웠다가 죽이는 바람에 결국 뒤를 이을 사람이 없었다. 그리고 당태종은 현무문의 변을 일으켰을 뿐만 아니라 엄청난 실수를 저질렀다. 당초에 그가 장손무기 등의 말을 안 듣고 이치 대신 이각을 택했다면 당나라가 어찌 무주로 변했겠는가?

누가 후계자가 되느냐는 대단히 중요했다. 안 좋은 사례가 가까운 과거에 있었으므로 더 경계심이 들었다.

하지만 무주는 이 문제가 훨씬 더 골치가 아팠다.

문제는 무주의 정권이 찬탈에서 비롯된 것에 있는 게 아니라 무주의 상황이 특수한 것에 있었다. 보통 황제에게 아들이 있으면 그에게 황위를 물려주면 그만이었다. 그러나 무측천의 황위는 아들에게서 빼앗은 것이었다. 갖은 고심을 다해 어렵사리 손에 쥔 것을 되돌려주는 것은 생각하기 어려웠다.

이는 무측천이 아니라 다른 사람이었어도 마찬가지였을 것이다.

아들에게 물려줄 수 없으면 형제, 조카, 딸에게 물려줄 수밖에 없었다. 하지만 애석하게도 측천 황제는 형이 아니어서 어린 남동생도 없었다. 딸에게 물려주는 것도 곤란했다. 딸이 황제가 되면 사위는 뭐가 될까? 황부皇夫 또는 남자 황후인가? 그리고 딸이 죽은 뒤에는 또 누구에게 물려줘야 하나? 설마 외손녀에게?

아들, 딸, 형제가 다 안 되면 조카에게 물려줄 수밖에 없었다. 그런데 조카도 두 종류가 있었다. 하나는 고종 이치의 조카였다. 하지만 이는 중종 이현이나 예종 이단보다 못했다. 이현과 이단은 그래도 여황 자신의 친혈육이기 때문이었다. 이렇게 곰곰이 다 따지다보면 남는 것은 무씨 가문의 조카뿐이었다. 게다가 인선까지 이미 돼 있었다. **204**

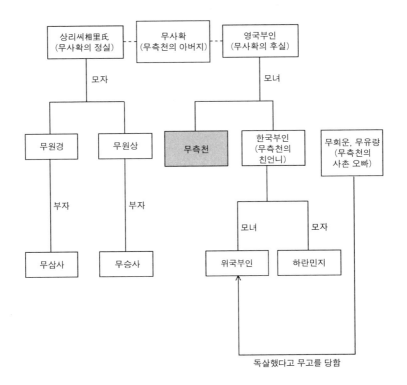

무씨 가문의 인물 관계와 운명의 맥락. 사건은 이 책 제3장에 나온다.

그 사람은 바로 무승사武承嗣였다.[1]

무승사는 무측천의 이복 오빠 무원상武元爽의 아들이었다. 무원상과 그의 형 무원경武元慶 그리고 그들의 어머니는 무측천의 생모 영국부인 과 관계가 좋지 않았다. 그래서 무측천은 황후가 된 후에 그 두 오빠를 산간벽지로 보내버렸다. 무원상은 심지어 무씨 가문의 독살 사건에 연루되어 가족까지 영남 지역으로 쫓겨났다. 그런 일석이조에 차도살인 까지 덧붙여진 수법을 무측천은 항상 능숙하게 사용하곤 했다.

부친 무사확의 작위는 외조카 하란민지가 계승했다.

하지만 애석하게도 하란민지 역시 같은 독살 사건에 연루되어 나중 에 죽임을 당했다. 무측천은 그래서 뒤늦게 본가 사람이 다시 떠올라 무승사를 영남에서 데려와 아버지의 주국공周國公 작위를 잇게 했다. 구 사일생으로 기회를 잡은 이 조카는 의외로 영리했으며 고모가 아버지 의 원수임을 괘념치 않고 오히려 기꺼이 그녀의 앞잡이 역할을 맡았다. 그래서 무주 혁명 후에 위왕魏王으로 책봉되었다.

무승사는 확실히 죽을힘을 다해 일했다. 낙하에서 발견된, "성모가 세상을 다스려 황제의 업적이 영원히 번창하리라"는 글이 새겨진 돌은 사실 그가 위조한 것이었으며 소숙비의 두 아들이 연루된 모반 사건 도 그가 주흥에게 조작을 사주했다. 그가 다른 혹리와 함께 고모를 위 해 얼마나 많은 걸림돌을 치우고 또 얼마나 많은 사람을 모함했는지는 이미 통계를 내기 어렵다. 하지만 왕경지가 나서서 조직한 청원 활동이

---

1 아래에 서술된 무승사의 사적은 모두 두 『당서』 「무승사전」 참고.

그가 총감독으로 연출한 작품이었다는 것만은 확실하다.

다만 그것은 자기 자신을 위한 일이었다.

여황이 무승사를 태자로 세울 생각을 안 해봤다고는 말할 수 없다. 사실 왕경지도 처음에는 꽤 우대를 받았다. 여황은 그가 수시로 궁정을 드나들며 자기 의견을 얘기할 수 있도록 특별 통행증까지 만들어주었다. 이래서 그가 우쭐하여 제 분수를 잊었던 것이다.

그런데 여황은 왜 또 그를 내친 것일까?

이소덕이 그녀에게 예방주사를 놓아주었기 때문이다.

"무승사는 이미 왕으로 책봉된 이상, 재상 자리까지 줘서는 안 됩니다. 황실의 존귀한 신분으로 중앙정부의 요직까지 차지하는 것은 적절치 못할뿐더러 위험하기도 합니다. 위왕의 권력은 너무 크면 안 됩니다."

여황은 이소덕에게 설명했다.

"승사는 짐의 조카여서 심복으로 삼으려 하네."

"아버지를 죽이고 황위를 찬탈한 아들도 있는데 하물며 조카는 어떻겠습니까?"

여황은 정신이 번쩍 들었다.

"짐이 미처 생각하지 못했네!"[2]

생각이 바뀌니 감정도 바뀌었다. 이제 그녀가 보기에 왕경지는 유채꽃의 꿀벌에서 앵앵거리는 파리로 바뀌어버렸다. 그런데도 그자는 대

---

2 이 대화의 시점을 『자치통감』에서는 장수 원년(692) 6월로 보았는데 이는 이소덕이 왕경지를 때려죽인 천수 2년(691) 10월 이후다. 하지만 두 『당서』 「이소덕전」은 모두 왕경지가 죽기 전으로 보아서 앞뒤 맥락이 이어진다. 이에 두 『당서』가 맞다고 보고 이를 따랐다.

세를 못 읽고 계속 그녀를 귀찮게 굴었으니 한 방에 맞아 죽을 수밖에 없었다. 무측천이 그를 무승사에게 안 넘기고 이소덕에게 넘긴 것은 의도가 매우 분명했다.

그런데 이소덕은 이것이 말 한마디로 나라를 구할 수 있는 드문 기회라고 생각해 쇠뿔도 단김에 빼랬다고 다시 무측천에게 의견을 올렸다.

"폐하, 잘 생각해보십시오. 자고로 조카가 고모를 위해 사당을 세운 적이 있습니까? 천황(고종)은 폐하의 부군이셨고 황사(예종 이단)는 폐하의 아드님이신데 이 두 분보다 누가 더 폐하와 친할 수 있습니까? 폐하는 정녕 천황이 제사를 못 받게 하실 작정입니까?"[3]

여황은 뭐라고 답할 말이 없었다.

태자 자리를 둘러싼 첫 번째 풍파는 이렇게 지나갔지만 그렇다고 문제가 근본적으로 해결된 것은 아니었다. 사실 이소덕은 화산의 폭발을 지연시켰을 뿐이었고 그의 말이 전적으로 옳지도 않았다. 그렇다. 역사상 조카가 고모를 위해 사당을 세운 일이 없기는 했다. 하지만 여자가 황제였던 적이 아예 없지 않은가? 이렇게 된 이상, 왜황娲皇(여와女娲)에게 제사를 올리듯 여황에게 제사를 올릴 수도 있지 않은가. 씨도 안 먹히는 얘기인가?

사실 결정적으로 무측천의 마음을 흔든 것은 "아버지를 죽이고 황위를 찬탈한다"는 말이었다. 그녀는 지금 누구를 태자로 세워도 위험하다는 것을 문득 깨달았다. 상책은 무승사의 분에 넘치는 욕심을 계 **208**

---

3 두 『당서』「이소덕전」과 『자치통감』 204권 천수 2년 10월

연도	연호	달	사건
684	광택 원년	2월	중종 이철이 폐위되고 예종 이단이 즉위
690	천수 원년	9월	무측천이 칭제하고 이단이 황사가 되어 무씨 성을 받았으며 무승사가 위왕, 무삼사가 양왕으로 책봉됨. 무씨가 전부 왕으로 책봉되고 측근들은 전부 무씨 성을 하사받음
691	천수 2년	1월	혹리들을 제거하기 시작해 구신적 등이 살해됨
		9월	왕경지가 황사 이단을 폐하고 무승사를 태자로 세우라는 집단 청원을 주도. 동시에 무승사와 내준신이 반대파 대신들의 모반 사건을 날조해 수십 명이 살해됨
		10월	이소덕이 왕경지를 살해하고 무승사의 태자 책봉을 저지
692	천수 3년	1월	내준신이 적인걸의 모반 사건을 날조
693	장수 2년	1월	내준신이 황사 이단을 모반죄로 무고했지만 실패
697	신공 원년	연초	내준신과 무의종 등이 대규모 날조 사건을 터뜨림
		6월	내준신과 이소덕이 동시에 살해됨
698	성력 원년	3월	이철이 비밀리에 신도 낙양으로 귀환
		8월	무승사 사망
		9월	이단이 퇴위하고 이철이 태자가 됨
699	성력 2년	7월	이씨와 무씨, 양가의 자제들이 맹세를 함[4]
700	구시 원년	정월	길욱이 도읍에서 쫓겨나 좌천을 당함
705	신룡 원년	정월	여황이 퇴위하고 이철이 다시 황위에 등극

무주 혁명 전후, 태자 자리를 놓고 다툰 사건들의 일람표

4 무측천은 칭제 1년 전에 이미 역법을 주정周正으로 바꿔서 11월은 정월, 12월은 납월臘月이 되었고 본래의 정월은 1월로 바꿔 불렀다. 그래서 구시久視 원년 정월은 실제로는 11월이었으며 성력聖曆 2년 7월과 함께 서기 699년에 속했다. 이씨와 무씨, 양가의 자제들이 맹세한 시점은 『신당서』「측천황후기」에는 기록이 안 돼 있고 『자치통감』의 기록도 불분명하다. 여기서는 성력 2년 7월이었다는 『구당서』「측천황후기」의 기록을 따른다.

속 끊으면서 이단의 황사 신분을 유지시키는 것이었다. 황사와 태자는 달랐다. 전자는 황제와의 혈연관계만 인정받은 신분이었고 후자야말로 권력 계승의 정치적 관계를 확인받은 신분이었다. 따라서 후계자 문제가 여전히 큰 미스터리로 남았다.

미스터리는 곧 복선이고 복선은 곧 화약이며 화약은 곧 잠재된 위험이다. 그 후로 두 세력이 벌인 투쟁은 앞의 표에서 보이듯 그 격렬한 정도가 혁명 전에 못지않았다.

이 단계의 투쟁은 두 노선으로 전개된 것을 어렵지 않게 확인할 수 있다. 한 노선은 어진 정치를 주장한 관리들과 혹리들의 투쟁이었고 다른 노선은 이씨를 옹호하는 대신들과 무씨들의 투쟁이었다. 그리고 무씨들과 혹리들이 손을 잡았다. 그중 큰 사건은 두 가지가 있었는데 하나는 안금장의 목숨을 건 저항으로 겨우 사그라진, 황사 이단에 대한 무고 사건이었고 다른 하나는 신공神功 원년의 모반 사건이었다. 두 번째 사건은 억울한 사건이 아니었지만 주범이 악독하게 남을 중상모략했고 이를 이용해 혹리가 연루를 시킨 탓에 멸족을 당한 명문가가 36개 가문, 유배 처분을 받은 이가 1000여 명에 이르렀다.[5]

무주 시대에는 또 다른 유혈 사건도 있었다.

사실 왕경지가 집단 청원을 한 뒤부터 그가 맞아 죽기 전까지 그사이에 수십 명의 고위 관리가 살해당한 사건이 있었다. 그들의 죄명은 역시나 모반죄였고 그 사건을 날조한 사람도 역시나 무승사와 내준신 **210**

---

5   이 사건은 『자치통감』 206권 신공 원년 정월 항목 참고.

이었다. 날조한 이유는 당연히 황사를 폐하고 위왕을 태자로 세우는 것을 그 관리들이 반대했기 때문이었다. 이때 이소덕이 그래도 바른말을 할 수 있었던 것은 그가 무측천의 심리를 읽어냈기 때문이었다. 그녀는 반대하는 자를 용인하지는 않았지만, 그녀 자신을 위해 반대하는 자는 별도로 취급했다. 그래서 무승사가 나중에 또 똑같은 짓을 반복하려 했을 때 여황은 답하길, "너는 이소덕보다 못하다"고 한 것이다.[6]

하지만 이소덕은 끝내 내준신과 동시에 죽임을 당했다. 말 한마디로 내준신을 형장에 보냈던 길욱도 2년 반 뒤에 좌천되었다. 원인은 이 과거 급제 출신의 재상이 마음을 바꿔 이씨 세력에 붙었을 뿐만 아니라 공개적으로 무씨 세력에 대한 경멸을 표현했기 때문이다. 체면이 상한 무측천은 이자를 응징하여 모두에게 지금이 누구의 천하인지 알려주기로 결심했다.

그래서 어느 날 조회에서 길욱이 또 유교 경전을 인용하려 할 때 무측천은 일부러 그의 말을 끊고 입을 열었다.

"매번 조회할 때마다 자네가 쉬지 않고 떠드는 통에 짐도 신하들도 성가시기 그지없네. 차라리 짐이 이야기를 하나 하지. 옛날에 태종 황제에게 사나운 말이 한 필 있었는데 아무도 길들이지 못했네. 그때 짐이 말했지. 이 일은 하나도 어렵지 않다고, 세 가지 물건만 있으면 된다고 말이야. 먼저 채찍으로 때려서 말을 안 들으면 쇠망치로 때리고, 그래도 말을 안 들으면 비수로 목줄기를 끊으면 된다고 했네. 짐의 그런

---

6 이 사건은 『자치통감』 204권 천수 2년 10월 항목을, 무측천이 무승사에게 한 말은 『구당서』 「이소덕전」 참고.

호탕함을 태종 황제께서는 대단히 마음에 들어하셨지."

그러고 나서 여황은 물었다.

"자네는 설마 짐의 비수를 더럽힐 생각은 아니겠지?"

혼비백산한 길욱은 바닥에 엎드려 용서를 빌 수밖에 없었다.

길욱의 이 일은 의미심장했다. 왜냐하면 그는 원래 무승사 쪽 사람이었기 때문이다. 신공 원년의 모반 사건도 바로 그가 내준신에게 고발하고 무의종이 심리를 맡았다. 그래서 지금 그조차 무씨 세력에 반대하고 나선 것은 대세의 추이와 민심의 향방을 능히 짐작하게 했다. 그래서 외지로 좌천을 가게 된 길욱이 작별 인사를 하러 왔을 때 여황은 그를 접견했다.

여황은 그를 앉게 한 뒤 물었다.

"할 말이 있으면 하게."

길욱이 물었다.

"물과 흙이 섞여 진흙이 되면 다툼이 있겠습니까?"

"없겠지."

길욱이 또 물었다.

"그 진흙을 나눠 반으로 부처를 빚고 나머지 반으로 신선을 빚으면 어떻겠습니까?"

"그러면 다툼이 생기겠지."

길욱은 고개를 숙이고 말했다. **212**

"신도 그렇다고 생각합니다. 종실과 외척이 각기 제 분수에 만족하면 천하가 태평하지만 서로 힘이 엇비슷하면 다툼이 끊이지 않으니 폐하는 심사숙고하십시오."

여황은 말했다.

"짐이 어찌 그걸 모르겠는가. 하지만 일이 벌써 이 지경이니 또 어찌 해야 한단 말인가?"[7]

아마도 이 문제는 적인걸에게 물어봐야 할 듯하다.

213

위험을 모면한 적인걸

적인걸은 무측천의 적수인 동시에 구세주였다.

본래 그는 탁월한 정치가였다. 태종 이후부터 현종 이전까지 정치가라고 할 만한 인물은 그와 무측천밖에 없었다. 그리고 적인걸이 없었다면 무측천은 기껏해야 통치에 능숙한 여황제나 권모술수를 잘 부리는 여자 정객에 그쳤을 것이다. 어쩌면 목숨과 명예를 지키는 것조차 힘들었을 것이다.

무측천은 적인걸에 의해 깨달음을 얻고 성불에 이른 것이나 다름없었다. 이 점을 너무나 잘 알기에 그녀는 말기에 '국로國老'라고 그를 부르면서 조회 때도 절을 못하게 했다. "국로에게 절을 받을 때마다 짐은 몸이 아프오"라는 게 그녀의 설명이었다. 훗날 적인걸이 세상을 떠났을 때는 대성통곡을 했다.

"이제 조정이 텅 비었구나. 나의 국로를 하늘은 왜 이렇게 빨리 빼앗아가셨는가!"**8**

그런데 이 국로는 하마터면 내준신의 손에 죽을 뻔한 적이 있었다.**9**

천수 3년(692) 1월, 적인걸은 다른 몇 명의 재상, 대신과 함께 모반을 했다는 무고를 당해 내준신의 '예경문例竟門'에 들어갔다. 그 특무 기관이 이런 별명 또는 악명을 얻은 까닭은 거기에 들어간 범인은 예외 없이 죽어서 나왔기 때문이었다('경竟'은 끝이라는 뜻을 갖고 있다). 그런데 혹리들에게는 한 가지 원칙이 있었는데, 그것은 즉시 죄를 인정하면 살려준다는 것이었다.**10**

이에 적인걸은 내준신에게 "반反한 게 사실이오反是實"라고 답했다.

내준신은 기뻐서 어쩔 줄을 몰랐다. 적인걸이 다루기가 까다로운 인물이라고 생각했는데 의외로 일이 쉽게 풀렸기 때문이다. 게다가 위원충을 제외한 다른 범인들도 그를 본받아 줄줄이 죄를 인정했다. 이렇게 적극적으로 심문에 협조해주다니, 아무래도 향후 다른 사건 처리의 모범이 되도록 이들을 좀 너그럽게 대해줘야 할 듯했다. 그래서 내준신은 범인들을 가둬만 놓고 그리 삼엄한 경계는 하지 않았다.

적인걸은 그렇게 순순히 자백을 함으로써 시간과 공간의 여유를 확보했다. 그는 몰래 쓴 편지 한 통을 솜을 땐 두루마기 속에 숨긴 뒤, 간수에게 그것을 가족에게 전달해달라고 부탁했다.

"곧 봄이니 옷을 갈아입어야겠네."

간수는 아무 의심도 하지 않고 그 두루마기를 적인걸의 집으로 보냈다.

8　『자치통감』 207권의 구시 원년 9월

9　적인걸이 모반죄로 무고를 당한 사건은 두 『당서』의 「적인걸전」과 「내준신전」 그리고 『자치통감』 205권 장수 원년 1월 항목에 모두 나오지만 각기 차이가 있어서 합리적인 부분을 가려 취했다.

10　전문적으로 사건을 날조하던 이 특무 기관은 여경문麗景門 안에 있었다. 그래서 혹리 왕홍의가 그 발음을 흉내 내 '예경문例竟門'이라는 별명을 지었다. 두 『당서』 「혹리전」 참고.

호랑이 아비에게 개 같은 자식은 없다더니, 적인걸의 아들은 두루마기를 받자마자 뭔가 이상하다는 것을 눈치챘다.

'지금은 1월이라 아직 쌀쌀한데 아버님은 왜 옷의 솜을 떼셨을까?'

결국 비밀 편지를 찾아낸 아들은 방법을 강구해 그것을 어전에 전달했다.

여황은 깜짝 놀라 내준신을 불러 물었다.

"적인걸이 정말 모반죄를 인정했는가?"

"숨김 없이 죄를 다 자백했습니다."

"그런데 왜 가족이 억울함을 호소하는가?"

내준신이 말했다.

"그건 신 등이 소홀했기 때문입니다. 적인걸을 비롯한 범인들은 투옥되자마자 즉시 죄를 인정하고 법을 따랐습니다. 그래서 저희는 그들을 예로 대했고 그들은 옷도 식사도 풍족하고 넓은 감옥에서 편안히 지내고 있습니다. 만약 모반한 게 사실이 아니라면 그들이 죄를 인정했을 리가 있습니까? 또 형도 가하지 않았는데 그들이 자백했을 리가 있습니까. 자백했어도 번복을 했겠지요."[11]

여황이 말했다.

"그런가? 짐이 사람을 보내 살펴보기로 하지."

내준신은 긴장했다. 그는 당연히 적인걸을 어찌할 수가 없었고 이제 와서 고문을 가할 수도 없었다. 혹시나 여황이 친히 보러 올 수도 있지

---

11 내준신의 대답은 『자치통감』과 두 『당서』의 여러 견해가 상반되어 여기서는 두루 참고했다.

않은가? 물론 적인걸이 사신을 만나게 해서도 안 되었다. 그렇게 되면 일을 다 그르칠 것이다. 내준신이 택한 방법은 부하 한 명을 대역으로 골라 적인걸의 옷을 입혀서 사신을 만나게 하는 것이었다.

그때는 마침 석양이 질 때였다. 가짜 적인걸은 서쪽에 서 있었고 여황의 사신은 동쪽에 서 있었다. 햇빛이 눈을 찔러 잘 안 보였다. 더욱이 그 사신은 '예경문'에 들어오자마자 바짝 얼어붙는 바람에 뭘 세밀하게 살필 여유가 없었다. 그저 두리번거리며 고개만 끄덕이고 있었다.

그런데 그때 내준신이 말했다.

"사신께서는 잠시 기다려주십시오. 귀찮으시겠지만 폐하께 가져다드릴 문서가 있습니다."

그 문서는 적인걸의 '사사표謝死表', 즉 자신의 죄를 인정하고 기꺼이 죽기를 원하며 임금의 은혜에 감사한다는 편지였다. 사신이 직접 보고 온 데다 이런 문서까지 있으니 적인걸이 판결을 뒤집기는 이미 그른 듯했다.[12]

이때 아홉 살짜리 남자아이가 그를 구했다.

그 아이도 재상의 아들이었고 아버지가 내준신의 모함으로 죽임을 당해 자기도 궁의 노예로 전락했다. 그는 고발을 하겠다면서 여황에게 알현을 청했는데, 고발하려던 사람은 바로 내준신이었다. 그 아이는 말했다.

"신의 부친이 죽고 가문이 몰락한 것은 더 말해 무엇하겠습니까. 다

---

12   위의 스토리는 『구당서』 「내준신전」의 서술이 가장 상세하므로 이를 따른다.

만 왕의 법이 내준신 같은 자들 때문에 망쳐진 게 애석할 따름이옵니다."

여황이 웃으며 물었다.

"정말 그러하냐?"

"그렇습니다."

아이는 계속 말했다.

"신의 말이 못 미더우시면 감히 청컨대 청렴하고 충성스러우며 믿을 만한 대신 몇 명을 가려 뽑으시고 모반죄를 뒤집어씌워 내준신 등을 시켜 심문하게 하십시오. 그리고 죄를 자백하고 인정하지 않는 이가 있는지 살펴보십시오."

여황은 문득 어떤 생각이 떠올랐다.

"굳이 또 그럴 필요가 있는가. 이미 적인걸이 있는데."

내준신에 의해 사형수로 몰린 적인걸은 원래 낙주사마洛州司馬였다가 낙양으로 소환되어 재상이 되었다. 그가 이렇게 파격적으로 발탁된 것은 예주자사豫州刺史 시절, 2000명이나 되는 사형수들을 살리기 위해 비밀 편지를 써서 무측천에게 보냈기 때문이었다.

"이렇게 많은 사람이 모반을 하지는 않았습니다. 이들은 억울합니다. 그러나 공개적으로 아뢰어 밝히면 역적이 죄를 피할까 두렵고, 알고도 아뢰지 않으면 살생을 싫어하시는 폐하의 덕을 어길까 두렵습니다. 그래서 이 글도 썼다가 없애고, 없앴다가 또 쓰고 어떻게 써야 할지 몰랐 **218**

습니다."[13]

당시 아직 태후였던 무측천은 적인걸의 청을 들어주었다. 덕분에 2000명이 형장의 이슬로 사라지는 신세를 면했지만 그들의 은인은 권신들의 미움을 사 강등되고 말았다. 하지만 무측천은 적인걸의 이름을 똑똑히 기억해두었고 결국 황제가 된 지 1년 만에 그를 자기 곁으로 부른 것이었다.

적인걸을 만나자마자 여황은 그에게 물었다.

"자네가 지방에서 좋은 일을 많이 했다는 것을 알지만 자네에 대해 안 좋은 말을 하는 사람들도 있네. 그들의 이름을 알고 싶은가?"

"알고 싶지 않습니다."

적인걸은 답했다.

"만약 폐하가 신에게 과오가 있다고 생각하신다면 신은 반드시 고쳐야 하고, 반대로 과오가 없다고 생각하신다면 신은 더욱 영광으로 생각할 텐데 굳이 그들의 이름을 알 필요가 있습니까? 몰라야 오히려 그들과 정상적으로 지낼 수 있습니다."[14]

이런 사람이 모반을 한단 말인가?

더구나 그 사건은 의심스러운 점이 한두 가지가 아니었다. 가장 의심스러운 것은 바로 사사표였다. 만약 정말로 이런 문서가 있었다면 내준신은 맨 처음 무측천에게 추궁을 당할 때 이미 내놓았을 것이다. 따라서 역으로 추리를 해본다면 여황이 사신을 보내지 않았어도 사사표라

219

13　이 사건은 두 『당서』 「적인걸전」에 나오는데 두 전기에 기록된 연루자들의 숫자가 다르다. 여기서는 『신당서』의 견해를 취했다. 그리고 당나라의 관제에서 주의 사마는 상주上州일 때 종5품하, 중주中州일 때 정6품상, 하주下州일 때 종6품하였다.
14　두 『당서』 「적인걸전」과 『자치통감』 204권 천수 2년 9월

는 게 나왔을지 의문스러워지는 것이다.

적인걸이 했다는 자백도 문제가 있었다. 그의 자백은 이랬다.

"대주의 혁명으로 만물이 새로워졌으니 당나라의 구신舊臣들은 기꺼이 죽음을 맞이하겠소. 반한 게 사실이니까."[15]

아무리 봐도 여기에는 어떠한 사실도 존재하지 않는다. 공허한 죄명과 함께 맞는 것 같기도 하고 아닌 것 같기도 한, 죄를 인정한 이유가 있을 뿐이다. 그 이유는 곧 무주가 이씨의 당나라를 대신한 게 혁명이라는 것이다. 혁명은 새것이 낡은 것을 대체하는 것이므로 낡은 것을 버리고 새것을 받아들여야 하며 본래 당나라에 속했던 옛사람들도 도태되는 게 맞고 심지어 달갑게 죽어야 한다는 것이다. 그래서 반한 게 사실이라는 것이다.

어처구니없는 논리였다. 이 논리에 따르면 당나라의 구신들은 전부역적으로 간주되어야 했다. 이것이 무슨 자백이란 말인가? 말 속에 또다른 뜻이 담긴 게 분명했다.

다시 감옥으로 돌아가보자. 적인걸이 죄를 인정한 뒤, 또 한 명의 혹리인 왕덕수王德壽가 그를 찾아가 말을 걸었다.

"대인은 목숨을 건지시겠지만 소인은 공이 부족합니다. 청컨대 미천한 소인이 한두 등급 더 승진할 수 있도록 대인께서 아무개를 연루시켜주실 수 있습니까?"

"왜 하필 아무개인가?"

---

15 이 자백은 『구당서』 「적인걸전」과 『자치통감』이 대체로 일치하며 『신당서』 「적인걸전」은 다르다. 여기서는 『구당서』를 따랐다.

"그자는 예전에 대인의 수하였기 때문이지요!"

적인걸은 단호히 거절했다. 그리고 비분을 못 이겨 기둥에 머리를 찧어 피를 철철 흘리면서 말했다.

"하늘이시여! 왜 제가 이런 비열한 짓을 하게 하시나이까!"[16]

무측천이 이런 상황을 알고 있었는지, 또 위와 같은 추리를 했었는지 보여주는 증거는 없다. 하지만 그녀가 이미 의심이 생겨 더는 내준신 등의 수작을 믿지 않고 직접 이 사건에 관여하기로 한 것만은 확실하다.

범인들이 질서정연하게 여황 앞에 꿇어앉았다.

여황이 물었다.

"적인걸, 그대가 모반을 안 했다면 왜 잘못을 인정했는가?"

적인걸이 답했다.

"잘못을 인정하지 않았다면 신은 벌써 고문으로 죽었을 겁니다."

"그렇다면 왜 또 사사표를 썼는가?"

"그런 것을 쓴 적이 없습니다."

여황은 필적을 감정하라고 명했고 금세 사사표가 위조되었다는 게 드러났다.

이제 이 사건은 진상이 밝혀졌다. 하지만 제국은 잘못을 인정할 수 없었고 여태껏 잘못한 적도 없었다. 그래서 범인은 모두 처분을 받아야 했으며 적인걸도 팽택현령彭澤縣令으로 좌천되었다. 무승사와 내준신은

---

16 이 일은 두 『당서』 「적인걸전」과 『자치통감』에 모두 기록이 있지만 서술이 가장 상세한 『구당서』를 따랐다.

계속 그를 죽이려 했지만 무측천에게 저지당했다. 내준신은 한 걸음 물러나 또 사건 관련자 중 한 명을 죽이려 했지만 역시 정의파 법관인 서유공에게 기각당했다.

무승사와 내준신의 음모는 결국 실패했다.

극적으로 살아난 적인걸은 다시 지방관이 되었지만 이는 그의 경험을 더 풍부하게 해주었다. 더구나 지옥에 한 번 다녀온 덕에 적인걸은 어떤 시련도 이겨낼 수 있는 사람이 되었다. 그래서 다시 조정으로 돌아와 여황의 신임과 중용까지 얻은 뒤에는 누구도 따라올 수 없는 에너지와 지혜를 발휘했다.

여황의 제국은 전혀 다른 세상이 될 것 같았다.

돌아온 적인걸

신도 낙양으로 돌아온 적인걸은 조정이 크게 달라진 것을 깨달았다.

적인걸은 지난번 자기가 국무위원을 맡았을 때가 천수 2년(691) 9월 30일이었던 것을 똑똑히 기억하고 있었다. 그때 낙양성은 그야말로 살기가 가득했다. 전날에는 부유예가 감옥에서 자살했고 12일 뒤에는 무승사에 반대하던 고위 관리가 무더기로 피살되었으며 곧이어 무승사를 옹립하려던 왕경지가 이소덕에게 맞아 죽었다. 따라서 4개월 뒤 그가 무고로 투옥된 것도 이상한 일이 아니었다. 첨예한 투쟁이 벌어지는 엄혹한 시기였던 것이다.[17]

하지만 이번에 그가 다시 재상으로 임명되었을 때는 괜찮아졌다. 4년 10개월 전 황사 이단이 모반했다고 무고당한 사건은 수습되었고 가짜 화상 설회의는 피살되었으며 10개월 전 내준신과 무의종이 마지막 날조 사건을 터뜨렸다. 그리고 5개월 전 내준신과 이소덕, 두 숙적이

연도	연호	달	사건
690	천수 원년	9월	무측천의 칭제
691	천수 2년	1월	혹리가 제거되기 시작해 구신적 등이 피살
		9월	부유예 피살
			적인걸이 재상이 됨
		10월	반무씨파 대신들이 다수 피살됨
			이소덕이 왕경지를 죽여 무승사의 태자 책봉을 저지
692	천수 3년	1월	적인걸이 모반했다고 무고를 당함
693	장수 2년	1월	황사 이단이 모반했다고 무고를 당함
695	증성 원년	2월	설회의 피살
697	신공 원년	연초	내준신과 무의종 등이 대규모 날조 사건을 터뜨림
			장역지, 장창종 형제가 여황의 총애를 받음
		6월	이소덕과 내준신이 동시에 사형을 당함
		윤10월	적인걸이 다시 재상이 됨
698	성력 원년	3월	이현이 비밀리에 낙양으로 소환됨
		8월	무승사 사망
		9월	이단이 퇴위하고 이현이 태자로 책봉됨
699	성력 2년	7월	이씨와 무씨, 양가의 자제들이 맹세를 함
	구시 원년	정월	길욱이 낙양에서 축출돼 좌천을 당함
700	구시 원년	9월	적인걸이 향년 71세로 사망

적인걸과 관련 사건들의 연표

동시에 사형당했다. 이제 모든 게 깔끔해졌다!

적인걸은 마음껏 일할 수 있었다.

이 연표만 봐도 적인걸이 본격적으로 중앙의 요직에 있으면서 무주의 정국에 영향을 끼친 것이 그의 생애 중 마지막 3년이었던 것을 알 수 있다. 그때 가장 중요한 사건은 무측천이 태자를 정하도록 도운 것이었다. 이것은 단지 누가 후계자가 되느냐의 문제만이 아니었다. 바로 이 문제를 해결함으로써 적인걸은 자신과 무측천을 모두 정치가의 위치에 올려놓았다.

그렇다면 그는 어떻게 그 일을 해냈을까?

탁월한 비결이 있었던 것 같지는 않다. 단지 기회만 생기면 여황에게 "고모, 조카 관계와 모자 관계 중 어느 쪽이 더 가깝습니까? 세상에 조카가 고모를 위해 사당을 세워준 적이 있습니까?" 같은 말을 했을 뿐이다. 이런 말은 이소덕이 했던 말의 반복에 불과해서 전혀 신선한 맛이 없었다. 하지만 이소덕은 성공을 못 거둔 채 목이 날아간 반면, 적인걸은 그가 이루지 못한 것을 성취했을 뿐만 아니라 국로로 존경을 받기까지 했다. 이것은 또 어떻게 된 일일까?

시기와 추세와 운 때문이었다.

이소덕이 의견을 올린 것은 무측천이 황제가 된 지 막 1년이 됐을 때였다. 새로 부임한 관리도 의욕이 대단하기 마련인데 새 황제는 어땠겠는가? 이럴 때 후계자 문제를 들먹였으니 그녀는 반감이 생길 수밖에 없었다. 왕경지가 피살된 것도 이것이 원인 중 하나였다. 다행히 이소덕은 무승사를 후계자로 삼는 것을 반대했을 뿐, 누구를 후계자로 삼자고는 하지 않았다. 만약 그랬으면 그도 목숨을 부지하지 못했을 것이다.

적인걸이 낙양에 돌아왔을 때는 상황이 달라져 있었다. 우선 여황은 이미 73세였고 황제가 된 지도 이미 7년이 지나서 뒷일을 안배해야 했다. 그리고 이단에 대한 모함이 실패해 이씨 황실의 위엄이 아직 남아 있음이 증명되었다. 이와 반대로 무씨 가문은 무승사의 횡포와, 무고한 사람들에 대한 무의종의 학살로 인해 민심을 다 잃고 말았다. 심지어 돌궐조차 이씨의 당나라만 인정하고 무씨의 주나라는 인정하지 않는다며 성가시게 떠들어댔다.[18]

또 허투루 볼 수 없는 요소가 한 가지 있다. 그것은 바로 장씨 형제이다.

장씨 형제는 적인걸이 다시 재상으로 임명된 해에 무측천의 남자 첩이 되었고 달수를 따지면 조금 더 일렀다. 장래에 대한 불안감으로 그들은 길욱과 적인걸에게 자신들이 오래 버틸 수 있는 계책을 물었다. 두 재상의 견해는 일치했다. 여황과의 친분을 유리한 조건으로 삼아 태자 책봉의 대업에 적극적으로 관여하라는 것이었다. 길욱은 아래와 같이 명확히 지적했다.

"색色으로 사람을 섬기는 것은 오래가지 않소. 천추에 남을 일로 공을 세워야 정당한 법이오."[19]

18 『자치통감』 206권의 성력 원년 8월
19 장씨 형제가 길욱에게 가르침을 청한 일은 두 『당서』 「길욱전」과 『자치통감』 206권 성력 원년 2월 항목에 나오며 내용이 매우 상세하다. 적인걸에게 가르침을 청한 일은 『신당서』 「적인걸전」에 나오지만 『자치통감』에는 안 실렸다.

형제는 영리해서 금세 알아듣고는 부드럽게 베갯밑송사를 벌이기 시작했다.

당연히 여황은 누가 뒤에서 이런 일을 벌이는지 눈치챘다. 그래서 아예 길욱을 불러들여 자문을 부탁했다. 길욱은 중종 이철과 예종 이단 중에 한 명을 뽑으라고 했다.

"두 황자는 모두 폐하의 친아들이고 선제가 맡기셨으며 또 민심의 지지를 받고 있습니다. 누구를 뽑을지는 전적으로 폐하의 결재에 달렸습니다."[20]

무측천은 고개를 끄덕였다.

그래서 훗날 사람들은 이씨 당나라 회복의 주동자가 길욱이라고 생각했다.[21]

그러나 길욱의 결말은 이소덕보다 조금 나았을 뿐이다. 재상에서 현위縣尉로 좌천되고 말았다. 그 직접적인 원인은 조회 때 거만하게 무의종을 업신여겼기 때문이며 근본적인 원인은 아마도 무측천이 그의 정객으로서의 면모를 간파했기 때문일 것이다.

"과거에 자네는 무승사에게 잘 보이려고 자기 누이동생까지 바치지 않았는가? 또 무의종과 내준신과 손잡고 사건을 날조해 36개 가문을 멸족시키지 않았는가? 그런데 이제 와서 이씨 황실을 옹호한다고 목소리를 높이다니, 실로 뻔뻔스럽기 그지없군. 자네, 짐이 아직 안 죽었다는 것을 명심하게!"

227

---

20 두 『당서』 「길욱전」 참고. 『자치통감』의 견해와는 다르다.
21 『구당서』 「길욱전」에 인용된 예종의 말 참고. 레이자지의 『무측천전』도 이런 견해다.

길욱은 타향에서 객사할 수밖에 없었다.[22]

하지만 적인걸은 조정에 다시 발을 들여놓은 지 얼마 안 돼서 무측천과 밀월기에 들어섰다. 그것은 무엇보다도 무측천의 정치적인 개방성과 적인걸의 정치적인 두뇌 덕분이었을 것이다. 무측천은, 정권을 빼앗는 것은 소인배와 혹리에게 의지해도 된다는 것을 잘 알고 있었다. 하지만 나라를 잘 다스리고 뒷일을 잘 안배하는 것은 강직하고 현명한 신하에게 의지해야만 했다. 마찬가지로 적인걸도 무씨의 주나라를 뒤엎고 이씨의 당나라를 회복시킬 사람은 오직 단 한 명, 무측천 자신뿐이라는 것을 알고 있었다. 이런 사람이 반대를 할 수 있었겠는가? 그럴 수 없었다.

더구나 무측천은 황제 노릇도 썩 잘 수행했다. 적인걸은 무측천이 정계에서 활약한 반세기가 당나라의 치세(정관의 치)에서 성세(개원開元의 치)를 잇는 교량이 되리라는 것은 절대로 알 수 없었다. 하지만 재상으로서 그는 적어도 제국의 판도가 확장되고 있고 인구도 증가하고 있으며 인재도 과거제에 대한 여황의 중시로 인해 넘쳐나게 배출되고 있다는 것을 잘 알고 있었다.[23]

이런 황제에게 왜 반대를 하겠는가?

더 훌륭한 것은 이 여황 폐하가 고령에다 장기 집권을 했는데도 집권자들의 흔한 말기병, 예를 들면 난폭함, 초조함, 방탕함, 권태 같은 게 없었다는 점이다. 정반대로 그녀는 여전히 머리가 맑고, 사고가 민첩하고, **228**

---

22 두 『당서』 「길욱전」과 『자치통감』 206권 구시 원년 정월
23 후지, 『무측천본전』

정력이 왕성하고, 판단이 정확했다. 그것은 정말 기적 같은 일이었다.[24]

따라서 그냥 보통 사람은 그녀의 눈에 차지 않았다. 그녀가 원하는 재상은 조력자인 동시에 호적수여야 했다. 적인걸은 바로 그런 인물이었다. 냉정하고 인내심이 있으며 기민하고 임기응변에 능하면서도 지혜롭고 계략이 풍부했지만, 다른 한편으로 성실하고 선량하며 강직했다. 요컨대 이 두 사람은 아이큐와 이큐는 동일한 수준이었지만 정치 이념과 처세의 태도는 정확히 반대되었다.

무측천은 당연히 이 점을 잘 알고 있었다. 실제로 적인걸은 옥중 자백에서 "당나라의 구신들은 기꺼이 죽음을 맞이하겠소. 반한 게 사실이니까"라고 자기 입장을 명확히 표현했다. 다만 적인걸은 주나라와 무씨에 반할 따름이었다. 무측천에게는 반하지 않는다는 게 공통의 인식이었고 여황의 마지막 치세를 잘 경영해야 한다는 것도 공통의 인식이었다. 이런 공통의 인식이 있었기에 두 사람은 서로를 존중하고 절충하며 적극적으로 협조하고 함께 각자의 이상을 실현했다.

두 사람은 실로 하늘이 맺어준 단짝이었다.

그리고 실사구시와 상호공감이 그들이 성공한 비결이었다.

머리가 비상한 적인걸은 심지어 자신이 무측천과 동향이자 동년배라는 이점을 잘 이용해, 태자 책봉이라는 대계를 늘그막 두 노인의 농담거리처럼 바꾸어버렸다. 적인걸의 그런 수다를 여황은 의외로 질리지도 않고 끈질기게 들어주었다. 간혹 끼어들어 어리광처럼 말을 끊을

24 인덕 원년(664)에 고종과 이성으로 병칭되며 국정을 맡은 뒤부터 신공 원년(697)에 적인걸을 재기용하기까지 무측천은 실제로 33년간 집권했고 당시 73세의 고령이었다. 그녀와 비견될 만한 군주는 오로지 한무제밖에 없었다.

뿐이었다.

"그건 짐의 집안일이니 상관하지 말게!"[25]

이에 적인걸이 답했다.

"왕은 천하를 집으로 삼습니다. 사해四海 안이 다 집이며 나라입니다."[26]

무측천은 아무 말도 하지 않았다. 그런데 어느 날 그녀가 마술을 부렸다.

"적 공, 누가 왔는지 좀 돌아보게."

그녀의 말을 듣고 적인걸은 뒤를 돌아보았다. 거기에는 여릉왕 이철이 서 있었다.

무측천이 말했다.

"짐은 태자를 그대에게 돌려주겠네."

적인걸은 넙죽 큰절을 한 채 한참을 일어서지 못했다.

여황은 감정을 추스르지 못하고 적인걸의 등을 어루만지며 눈물을 흘렸다.

"그대는 짐의 신하가 아니고 당나라 사직社稷의 신하로군 그래."[27]

적인걸은 비로소 무거운 짐을 벗은 듯했다.

실제로 여릉왕 이철은 적인걸이 재상으로 임명된 지 5개월 뒤, 무측천에 의해 병 치료를 명목으로 비밀리에 낙양으로 소환되었다. 이는 진정으로 태자 문제를 해결할 수 있었던 사람은 바로 여황 본인이었음을 230

---

25 두 『당서』 「적인걸전」은 모두 적인걸과 이소덕 등의 차이를 발견, 지적하고 있다. 그것은 바로 적인걸이 "매번 침착하게 황제의 물음에 답하면서 모자의 은정恩情을 거론했다"는 점이다. 그리고 적인걸은 본적이 태원太原(지금의 산시성 타이위안)이고 무측천은 본적이 문수文水(지금의 산시성 원수이)여서 똑같이 병주幷州가 고향이었다. 적인걸은 630년생이고 무측천은 625년생이라 동년배이기도 했다.

26 『자치통감』 206권 성력 원년 2월

확연하게 보여준다. 그녀가 이런 결정을 내린 것은 결코 쉽지 않은 일이었으며 이 안에 담긴 함의와 심층적인 원인은 뒤에 가서야 드러날 것이다.

그 뒤의 일들은 매우 간단했다. 태자가 될 기회를 잃은 무승사는 우울함에 빠져 이내 사망했고 세상 물정을 잘 알았던 이단은 즉시 황사의 자리에서 물러나겠다고 청했다. 그래서 궁 안에 숨어 있던 이철이 태자로 책봉되었으며 본명인 이현李顯으로 이름을 회복하고 나중에 또 무현武顯으로 개명했다.

이에 대해 적인걸은 전혀 이의가 없었다.

태자 책봉 문제가 해결된 후, 위부터 아래까지 모두가 한숨을 돌렸으며 여황의 통치 스타일도 부드러워지기 시작했다. 그녀는 갈수록 정치가다워졌다. 사실 정치가의 요지는 부드러움에 있지도, 사나움에 있지도 않다. 사나움과 부드러움 사이를 자유롭게 오가며 사나워야 할 때 사납고 부드러워야 할 때 부드러운 데 있다. 무측천은 당연히 그런 능력이 있었다. 그러나 적인걸이 없었다면 그 능력을 개발하지 못했을 것이다.

74세의 무측천과 69세의 적인걸은 2년 더 함께 일하면서 서로 부축해주는 오랜 친구 같은 관계가 되었다. 적인걸의 은근한 충고와 가르침에 의지해 무측천은 조금씩 열린 마음의 진보적인 군주가 되었다. 아마도 바로 이때 적인걸은 국로로 불렸을 것이다.

---

27 이 부분의 역사적 사실에 관해서는 정사와 야사에 다수의 설이 존재한다. 특히 『적양공전狄梁公傳』의 기록이 대단히 극적인데 『자치통감』은 이를 딱 한마디로 줄이고 고이 부분에서 길게 논증했다. 여기서는 여러 전기를 두루 참고해 논리와 상식에 따라 서술했다.

唐狄梁公碑

宋朝散大夫行尚書吏部負外郎知
潤州軍事上騎都尉賜紫金魚袋

范仲淹譔

天地閉賢將隔焉日月蝕賢將廓焉大
厦仆賢將起焉神器隊賢將舉焉巖巖
乎克當其任者惟梁公之偉與公諱仁傑
字懷英太原人也祖宗高烈本傳在矣
公為子極于孝為臣極于忠孝之休揚
若日月者歌歌于廟中公嘗赴並州揚

당적양공비唐狄梁公碑(일부)

적인걸은 무주의 중신으로서 조정과 민간에 지대한 영향을 끼쳤을 뿐만 아니라, 후대에 가서 더 유명한 재상으로 알려졌다. 송나라 범중엄范仲淹이 그를 위해 쓴 당적양공비도 대대로 유명한 비문이 되어 황정견黃庭堅, 조맹부趙孟頫 등이 이 비문을 쓴 적이 있으며 여기 실은 것은 조맹부의 작품이다. 적인걸의 위대한 공적을 찬양하는 이 비문에는 역대 지식인들이 동경한 이상적인 인격이 반영되어 있다.

여황의 마지막 인사

8월의 낙양은 하늘이 높고 공기가 맑아 여황과 국로는 기분이 상쾌했다.

두 노인은 한적한 정원을 거닐고 있었다. 그런데 무측천이 무심코 얼마 전 세상을 떠난 재상 누사덕婁師德에 관해 물었다. 그는 성격이 무던해서 이소덕에게 시골뜨기라는 욕을 듣고도 화를 안 낸 사람이었으며 적인걸은 그를 별로 인정하지 않았다.

적인걸이 그럴 만도 했다. 언젠가 동생이 관리 생활의 비결을 물었을 때 누사덕은 "얼굴에 묻은 침이 저절로 마르게 하는 것"이라고 답했다고 한다. 이에 대한 설명은 아래와 같았다.

"남이 네 얼굴에 침을 뱉었을 때 네가 화를 내지 않고 그것을 닦으면 교양이 있는 편이라고 생각하느냐? 아니다. 그러면 상대를 더 화나게 할 뿐이다. 옳은 방법은 닦지 않고 바람에 말리는 것이다. 바람은 항상 무엇이든 말리곤 하지."[28]

233

이런 무골호인도 존경받을 만할까? 적인걸은 그렇게 생각하지 않았다. 그래서 여황이 그에게 누사덕이 현인인지 아닌지 물었을 때 모른다고 답했다.

무측천은 미소를 짓고는 그에게 또 물었다.

"그러면 그는 인재를 알아보는 능력도 없었는가?"

"신은 발견하지 못했습니다."

"짐이 국로(적인걸)를 알게 된 것은 바로 누사덕의 추천 때문이었네."

적인걸은 그제야 자기가 모르는 경지가 또 있다는 것을 알았다.[29]

여황도 적인걸이 인재를 추천해주길 바랐다. 끝없이 이어졌던 궁정투쟁으로 인재의 공백 상태가 초래되었기 때문이다. 특히나 재상을 맡을 만한 인재는 더더욱 찾기 힘들었다. 그래서 그녀는 물었다.

"국로, 짐에게 호걸이 필요한데 혹시 있는가?"

"어디에 쓰려고 하십니까?"

"장수나 재상으로 쓰려고 하지."

"그렇다면 장간지張柬之뿐입니다. 이 사람은 나이는 많지만 진정한 재상의 재목입니다. 더욱이 오랫동안 중용되지 못해 틀림없이 은혜에 감복해 충성을 다할 겁니다."

무측천은 고개를 끄덕였다. 며칠 뒤, 그녀는 또 적인걸에게 추천을 부탁했다. 이에 적인걸이 말했다.

"이미 장간지를 추천했지 않습니까?"

234

"짐은 이미 그를 낙주사마로 삼았네."

"신이 추천한 직위는 재상이었습니다."[30]

결국 장간지는 재상이 되기는 했지만 그때는 적인걸이 세상을 떠난 지 꼬박 4년이 지난 뒤였다. 그 바람에 적인걸의 원래 의도와는 달리, 장간지는 훗날 80세가 넘은 나이에 쿠데타를 주도해 여황의 퇴위를 강요하게 된다.[31]

그런데 장역지, 장창종 형제가 말썽을 일으켰다. 이어지는 연표를 보면 무승사와 적인걸 등이 차례로 퇴장한 뒤, 여황의 향락을 돕던 이 두 젊은이가 제국을 뒤흔드는 폭풍의 중심이 되었음을 알 수 있다.

장씨 형제와 관련된 일련의 사건들이 어떤 성격의 다툼이었는지 정확히 경계를 짓기 어렵다. 하지만 그들 형제가 휘두른 권세의 크기와 백성이 표출한 분노의 크기가 모두 눈이 휘둥그레질 정도였던 것만은 확실하다. 영태군주永泰郡主 이선혜李仙蕙와 그녀의 남편 위왕魏王 무연기武延基 그리고 소왕邵王 이중윤李重潤은 사적으로 그들에 대한 불평을 좀 했을 뿐인데도 비명횡사했다. 여황이 때려죽이라고 명했는지, 아니면 그들의 가장이 줄로 목을 졸라 죽였는지는 확실치 않다.[32]

지금은 이 일이 적인걸 사후, 딱 1년 만에 일어났다는 것만 알 수 있을 뿐이다.

이 일은 당시 조정과 민간을 다 뒤흔들었을 것이다. 왜냐하면 이중윤과 이선혜는 태자 이현의 적장자와 적녀嫡女인 동시에 여황의 적손嫡

---

30 『구당서』「적인걸전」과 『신당서』「장간지전」, 『자치통감』 207권 구시 원년 9월

31 장간지의 재상 임명을 『자치통감』은 장안 3년 9월 항목에 넣었으며 추천인은 재상 요숭이었다고 적고 있다. 어떤 야사에서는 적인걸이 당년에 장간지를 추천한 것이 훗날의 쿠데타를 위한 포석이었다고 했지만 사마광에 의해 반박되었다. 『자치통감』 207권 구시 원년 9월 항목에 딸린 고이 참고.

32 세 사람은 대족 원년(701) 9월에 죽었고 사인은 불명으로 정사마다 견해가 다르다. 자세한 사정은 레이자지 『무측천전』 참고.

연도	연호	월	사건
697	신공 원년	연초	장씨 형제가 여황의 남자 첩이 됨
		윤시월	적인걸이 다시 재상이 됨
698	성력 원년	2월	길욱이 장씨 형제에게 태자 책봉에 관여하라고 권유
		3월	이철(이현)이 비밀리에 낙양으로 소환됨
		8월	무승사 사망
		9월	이단이 퇴위하고 이철이 태자로 세워짐
699	성력 2년	7월	이씨와 무씨, 양가의 자제들이 맹세를 함
	구시 원년	정월	길욱이 낙양 밖으로 좌천됨
700	구시 원년	9월	적인걸 사망
701	대족 원년	9월	이현의 자녀가 장씨 형제의 비위를 거슬러 피살
702	장안 2년	8월	이현과 그의 형제가 장창종을 왕으로 책봉하라고 청함
703	장안 3년	9월	장씨 형제가 위원충의 모반 사건을 날조
704	장안 4년	7월	장씨 형제가 부패 사건을 일으켰다가 사면됨
		9월	장간지가 재상이 됨
		12월	장씨 형제가 다시 고발당했지만 비호를 받음
705	신룡 원년	정월	장간지 등이 쿠데타를 일으켜 장씨 형제를 살해하고 이현이 대주의 황제로 등극
		2월	이현이 당나라의 국호 회복을 선포
		11월	무측천 사망[33]

장씨 형제와 관련 사건들의 연표

33 무측천은 구시 원년(700)에 역법을 다시 고쳐 매년 1월을 정월로 삼았다. 그래서 신룡 원년(705) 정월은 1월이며 11월과 같은 해에 속했다.

孫과 적손녀였고 무연기는 위왕 무승사의 계승자였기 때문이다. 이씨와 무씨, 두 황족의 금지옥엽들이 정체불명의 죽음을 당했으니 당연히 충격이 컸을 것이다.

그러나 조정에서는 공식 발표를 하지 않았으며 정사에서도 깊이 감추고 발언을 삼갔다. 오히려 태자 이현과 상왕相王 이단 그리고 태평공주가 1년 뒤 연명으로 상주문을 올려 장창종을 왕으로 책봉해달라고 청하기까지 했다. 이것은 내준신조차 상상할 수 없는 일이었으니, '포스트 적인걸 시대'에 접어들어 여황이 다시 공포스럽고 예측 불가능한 존재로 변한 듯했다. 설마 여황이 그 기생오라비 같은 놈들에게 황위를 넘기려는 걸까? 이런 의심이 사람들을 미치게 했다.

신속하게 연합 전선이 형성되었다.

그리고 이씨와 무씨, 두 황족이 든든한 배경이 돼주었다. 여황은 이현을 무현으로 개명하게 한 뒤에 그들을 명당에 모아놓고 맹세를 하게 함으로써 두 집안을 한 집안으로 만들었다. 그들은 이제 공동의 이익을 위해 기꺼이 손을 잡았다. 하지만 직접 얼굴을 내밀기는 여의치 않아서 주흥의 칼 밑에서 구출된 위원충과 훗날 명재상이 된 송경宋璟 같은 조정 대신을 앞에 내세웠다.

그들의 공격은 세 차례에 걸쳐 진행되었지만 결국 실패로 끝났다. 마지막에 송경은 거의 장창종의 사형을 확정지었지만 무측천에 의해 무산되고 말았다. 더 심각했던 일은, 여황이 그때 병이 나서 문무백관을

237

일절 만나지 않고 장씨 형제에게 모든 사무를 맡긴 것이었다. 그들이 몰래 무슨 짓을 벌일지 아무도 알 수 없었다.

어쩔 수 없이 강제로 여황을 퇴위시킬 때가 되었다.

신룡神龍 원년(705) 정월 22일, 장간지 등이 우림군羽林軍 장병 500여 명을 이끌고 현무문을 통해 입궁해 다짜고짜 장씨 형제의 연꽃 같은 머리를 잘랐다. 그리고 그것을 들고 여황을 만나러 갔다.

여황이 놀라서 물었다.

"반란을 일으킨 자가 누구인가?"

누군가 답했다.

"장역지와 장창종입니다. 태자의 명을 받들어 이미 참살했습니다."

여황은 그제야 사람들 뒤에 자신의 아들 이현이 바들바들 떨며 서 있는 것을 발견했다. 이에 경멸하는 어조로 말했다.

"너냐? 동궁東宮으로 돌아가거라!"

쿠데타의 주모자 중 한 명이 말했다.

"태자가 왜 돌아가셔야 합니까?"

여황은 돌아서서 다른 주모자에게 물었다.

"너는 짐이 발탁한 사람인데 왜 온 것이냐?"

그 사람이 답했다.

"폐하의 큰 은혜와 큰 덕에 보답하기 위해 왔습니다."³⁴

여황은 더 이상 말하지 않았다. 이틀 뒤, 14년 4개월간 황제였던 그녀는 태자 이현에게 황위를 넘긴다는 조서를 내렸다. 이현은 대주의 황제가 되었고 어머니를 '측천대성황제'라고 칭했다. 그리고 2월 4일, 새 황제는 당나라 국호의 회복을 선포했다.

이에 대해서는 역시 무측천의 원대하고 주도면밀한 계획이 실현된 것이라는 설명을 덧붙여야겠다. 사실 과거에 그녀가 태자 책봉 문제를 좀처럼 매듭짓지 못한 것은 아마도 남들이 생각하지 못한 문제, 즉 무주 혁명에 대한 평가와 관련이 있었다. 평가는 당연히 뒷사람이 내릴 수밖에 없으므로 누가 뒷사람인지가 관건이 된다. 조카인 무승사나 무삼사武三思는 당연히 이 왕조를 비방할 리 없겠지만 나라를 잘 지킬 수 있을지 없을지에 대해서 무측천은 무척 회의적이었을 것이다. 일단 실수를 하면 무주는 즉시 가짜 정권이 될 테니 그런 위험을 무릅쓸 수는 없었다.

반대로 황위를 이현이나 이단에게 넘기면 혁명은 비록 실패한 것이나 다름없겠지만 그녀 자신과 무주는 왕망王莽과 그의 신新 왕조 같은 취급을 받지는 않을 것이다. 새 황제가 친아들이면 어쨌든 어머니를 역적으로 몰기는 송구스러울 테고, 나아가 자기 황위도 무주 황제에게서 받은 것이기 때문이다. 무주가 가짜 정권이면 그들도 가짜 황제가 아니겠는가?

무측천은 두 가지 중 그나마 해가 덜한 쪽을 택했다.

239 이현은 어머니를 실망시키지 않았고 장간지 등도 그랬다. 조정에서

---

34 이상은 『자치통감』 207권 장안 3년부터 신룡 원년까지의 내용 참고.

발표한 정식 문서는 책임을 서경업과 정무정에게 미루는 동시에 여황의 칭제는 위험을 맞아 천명을 받은 것이었으며 그녀가 이번 양위로 미래를 열었다고 인정했다. 다시 말해 무주의 혁명과 당나라의 회복이 다 합리적이고 합법적이라는 것이었다.[35]

여황은 마음을 놓았다. 정치와 남자를 손에서 놓은 뒤로 급속히 늙기는 했지만 그래도 적지 않은 시간을 더 살면서 열흘에 한 번씩 새 황제의 위문을 받았다. 그러다가 그해 11월 26일, 퇴위한 측천대성황제는 호화롭고 체통을 갖춘 연금 생활 속에서 외롭게 숨을 거뒀다. 향년 81세였다.[36]

무측천의 능묘 앞에는 무자비無字碑, 즉 글자 없는 비석이 세워져 있다. 이무기와 용이 완전한 모양으로 새겨져 있지만 글자는 없다. 아마도 여황의 일생은 그녀 자신조차 뚜렷하게 말할 수 없었을 것이다. 그녀는 일부러 자기 뒤에 공백을 남기려 했을 것이다. 누가 욕을 하든 칭찬을 하든 마음대로 평하게 말이다. 물론 누가 무슨 소리를 하든 그녀는 아예 신경 쓰지 않을 것이다.

바람은 분명 많은 것을 말려버린다. 피도 예외는 아니다.

그래도 그녀는 임종 전에 유언을 남기기는 했다. 왕황후, 소숙비 등의 정적情敵과 저수량, 한원 등의 정적政敵을 사면하고 스스로 제호帝號를 없애고서 황후로 건릉乾陵에 묻히겠다고 했다. 남편 고종 곁으로 돌아가 다시 이씨 황실의 며느리가 되겠다는 것이었다.[37]

---

35 『대당조령집』「중종즉위칙中宗卽位勅」
36 무측천의 향년을 『신당서』「측천무황후 전」과 『당회요』는 81세라 하고 『자치통감』은 82세라 하며 『구당서』「측천황후기」는 83세라 한다. 여기서는 레이자지, 『무측천전』의 고증을 좇아 81세로 정했다. 이 책에 언급된 관련 나이는 모두 이를 근거로 삼았다.

반세기 전, 초롱불 밑에서 불상을 지키던 젊은 비구니 무미낭은 자신과 열애 중이던 이치에게 이런 시를 써준 적이 있었다.

붉은색이 푸른색으로 보이는 건 생각이 많아서이고
몰골이 어지럽고 초췌한 건 그대가 떠올라서죠
요즘 하염없이 눈물 흘리는 것이 믿기지 않으시다면
상자를 열어 다홍치마에 얼룩진 자국을 보셔요
看朱成碧思紛紛
憔悴支離爲憶君
不信比來長下淚
開箱驗取石榴裙[38]

이후 그 기나긴 세월 동안 얼마나 많은 사람이 그녀의 다홍치마 아래 엎드리거나 쓰러졌는지 모른다. 제왕의 곤룡포와 면류관을 취할 때까지 그녀는 끝없는 매력을 발산하며 사람들을 홀리고, 두렵게 하고, 굴복시켰다. 실제로 이 여황제는 중국 문명에 더 풍부한 색깔과 깊이를 부여하여 남성 중심적 세계의 단조로움과 무미건조함을 변화시켰고 또 후대 사람들에게 역사 읽기의 또 다른 시각과 선택지를 선사했다.

이제 그녀는 다시 다홍치마를 입었다. 강력한 문화적 전통에 더 대항할 수 없었기 때문이다. 평생을 도전하며 살아온 이 여자는 부득이

241

---

37 『구당서』「측천황후기」 참고. 장손무기는 이미 상원 원년(674)에 관작이 회복됐기 때문에 명단에서 빠졌다.
38 『전당시』「측천무후」

남성들의 세계를 떠나 여인들이 있는 곳으로 돌아가야 했다. 무측천은 끝내 혁명을 완성하지는 못했다.

하지만 그것은 결코 그녀의 잘못이 아니었다.

또 다른 여인들

무측천이 마지막 인사를 마친 후 다른 여인들이 또 무대에 등장했다.

그것은 전혀 이상한 일이 아니었다. 당나라의 여인들은 수나 놓고 있지만은 않았다. 고조 이연의 딸, 평양소공주平陽昭公主는 심지어 자기가 조직한 '낭자군娘子軍'이라는 무장세력을 갖고 있었으며 정예병이 1만 명에 달했다. 그래서 그녀가 죽었을 때 전투부대가 그녀의 영구를 운반하고 군악대가 음악을 연주하여, 창과 깃발과 말 울음소리로 행렬이 위풍당당하기 그지없었다.[39]

물론 그것은 유목민족의 기백인 동시에 혼혈 왕조의 기풍이었고 나아가 선비족 여성 특유의 늠름하고 씩씩한 자태였다. 그래서 오직 당나라 시대에만 무주 같은 이야기가 연출되고 무측천 같은 인물이 나올 수 있었다. 당나라 상류사회의 여인은 회골回鶻의 옷을 입고, 토번吐蕃의 화장을 하고, 돌궐어로 말하고, 서역의 말을 타고, 폴로를 즐기고, 심지

243

당나라 때 폴로를 즐기던 여성들의 토용

마구馬球라고 불린 폴로는 당나라 때 귀족 계층에서 유행하던 운동으로 한 시대를 풍미했으며 여성도 흔히 폴로를 즐겼다. 이 그림은 당대의 폴로 게임을 재현한 토용이며 말 위의 여성들은 모두 늠름하고 씩씩하다. 이 토용은 프랑스 기메 박물관에 소장되어 있다.

어 남장까지 했다는 것을 잊어서는 안 된다.

그녀들의 남편이 아내를 두려워한 것은 전혀 이상한 일이 아니었다.

실제로 평양소공주의 부대에서 '명적名賊'이라 불린 망명객도 그랬고 태종의 부하로서 공처가로 유명했던 대장군도 그랬다. 이 대장군은 공적이 탁월하여 태종에게서 두 명의 절세 미녀를 하사받았지만 한사코 거부했다. 태종은 어쩔 수 없이 그의 아내를 불러 정체불명의 액체 한 잔을 주면서 말했다.

"다시는 질투를 하지 말든가, 아니면 이 독주를 마시든가 둘 중 하나를 택하라."

그 여인은 단숨에 그 술잔을 들이켰다.

백전노장인 태종도 눈이 휘둥그레져 말문이 막혔다.

"이 여자는 정말 무시무시하군."[40]

이 여인과 비교하면 무측천은 그래도 온유한 편이었다.

그런데 무측천의 아들 이현(중종)은 아버지 이치보다 더 아내를 두려워했다. 고종은 적어도 절반은 결정권을 가졌으나 중종의 천하에서는 절반은 아내의 것이고 나머지 절반은 딸의 것이었다. 아내 위韋황후는 당연히 조정 일에 간섭했으며 딸인 안락安樂공주 이과아李裹兒도 늘 조서를 기초起草하고 부황에게 서명하게 했다. 과거에 무측천이 중종을 폐한 것은 그가 이렇다는 것을 진작 간파했기 때문인지도 모른다.[41]

두 여인은 야심만만했다. 위황후는 시어머니를 본받아 여황제가 되

---

40 『조야첨재』와 『태평광기太平廣記』 「임괴任瓌」 「투부妒婦」 참고.

41 『구당서』 「중종위서인전中宗韋庶人傳」과 『신당서』 「제제공주전諸帝公主傳」 참고. 안락공주는 중종과 위황후의 막내딸로 중종이 폐위된 후 방릉房陵으로 가던 도중에 태어났다. 당시 이현이 옷을 벗어 강보로 삼아 이름이 과아裹兒('裹'는 보자기 같은 것으로 싼다는 뜻)가 되었다.

고 싶어했고 안락공주는 기상천외하게도 황태녀_{皇太女}가 되려 했다. 그녀의 생각은 이랬다.

"할머니는 천자까지 됐었는데 내가 고작 황태녀가 되는 게 뭐가 문제겠어?"[42]

이 두 여자만 해도 골치가 아팠는데 불행히도 상관완아_{上官婉兒}라는 조력자까지 있었다. 그녀의 조부는 과거에 고종을 위해 조서를 써서 황후 무측천을 거의 폐위시킬 뻔했던 상관의였다. 상관의가 살해된 후 아직 강보에 싸여 있던 상관완아도 어머니와 함께 노비가 되어 궁 안에서 자랐다. 그러다가 14세가 되던 해에 무측천 앞에 나서서 바로 그녀의 눈에 들었다.

그때부터 상관완아는 무측천의 유능한 조수가 되었고 중종이 즉위한 뒤에는 또 소용_{昭容}으로 책봉되었다. 그런데 이 여인은 위황후와 함께 무삼사의 정부가 되었다. 여기에 무씨 가문의 며느리가 된 안락공주까지 가세해 '위무_{韋武} 연맹'을 결성했다. 중종만 아무것도 모른 채 그들이 도박을 벌이는 것을 허허, 웃으며 멀거니 구경만 하고 있었다.[43]

그러나 세 여인이 연출한 드라마는 안타깝게도 비극으로 끝났다.

그 비극에는 쿠데타와 살인이 포함되었다. 쿠데타는 '위무 연맹'에 의해 벼랑 끝에 몰렸던 태자가 일으켰으며 그 결과, 무삼사가 먼저 태자에게 피살되고 태자도 부하에게 피살되었다. 당시 중앙정부는 이미 장안으로 복귀한 상태였는데, 태자는 병력을 이끌고 숙장문_{肅章門}을 통해

246

---

42 『신당서』 「제제공주전」
43 『구당서』 「상관소용전」과 『신당서』 「위황후전」에 첨부된 「상관소용전」 참고. 상관완아가 무측천의 정무에 참여한 시점은 『구당서』에서는 성력(698) 이후라고 하고 『신당서』에서는 만세통천萬歲通天(696) 이후라고 한다.

궁궐에 진입한 뒤 상관완아를 넘길 것을 요구했다. 이에 상관완아가 피식 웃으며 말했다.

"좋은 생각이로군요! 먼저 나를 붙잡고 다음에 황후를 붙잡으면 마지막이 황제의 차례겠군요. 안 그런가요?"

그녀에게 충동질을 당한 중종이 부쩍 기운을 내서 성루로 올라가 쿠데타군을 향해 말했다.

"너희는 다 짐의 심복인데 왜 모반하려는 것이냐? 창을 반납하면 죽이지 않을 것이며 자기편을 향해 창끝을 돌리면 상을 줄 것이니라."

그 결과, 태자 진영이 크게 어지러워져 쿠데타 집단은 순식간에 와해되었다.[44]

태자의 실패로 세 여자는 더 기고만장해졌다. 명망 있는 다른 귀족 여자들도 앞다퉈 그녀들을 본받으려고 해, 사적인 모임을 갖고 매관매직하기도 하면서 위황후를 핵심으로 하는 '귀부인 특권 그룹'을 형성했다. 이들의 비즈니스는 속임수를 쓰지 않고 정확히 상도의를 지켰다. 30만만 내면 밀단 벼슬 하나를 보장했다.

이런 관리를 중서성이 추천하는 것은 당연히 불가능했고 문하성이 심사하는 것은 더더욱 불가능했다. 중종도 칙서를 써서 내려보내는 것이 민망해서 관계 부서에 대충 처리해달라고 부탁했다.[45]

이런 당나라는 무주보다 훨씬 못했다.

그래도 위황후는 상관완아의 감독 아래 차근차근 '무측천 노선'을

---

44 두 『당서』 「절민태자중준전節愍太子重俊傳」과 「상관소용전」 그리고 『자치통감』 208권 경룡景龍 원년 7월 항목 참고.

45 두 『당서』 「위황후전」과 『자치통감』 209권의 경룡 2년 7월

귀부인의 특권

'귀부인 특권 그룹'의 출현은 당나라 사회의 보편적인 현상이었다. 여성(특히 귀족 여성)의 사회적 지위와 사회 참여가 보편적으로 주목할 만한 정도에 이르렀다. 둔황 벽화에 그려진 이 '도독부인태원왕씨일심공양都督夫人太原王氏一心供養'은 고상하고 경건한 여성 공양주의 형상을 잘 묘사했다. 하녀들 중에 남자 옷을 입은 이들이 끼어 있는 것에서 당시의 사회적 추세를 엿볼 수 있다. 둔황 막고굴 130호 굴의 벽화를 근거로 삼았다.

밟았다. 무측천이 천황과 천후를 발명한 것을 흉내 내 그녀들은 짝퉁으로 응천신룡황제應天神龍皇帝와 순천익성황후順天翊聖皇后를 만들어냈다. 중종은 좋아라고 그 방침에 따랐다.[46]

하지만 중종은 어리석기는 했어도 최소한의 자기 기준은 있었다. 태자의 쿠데타가 실패한 후, 위황후 패거리가 대대적인 숙청을 요구했지만 그는 비준하지 않았다. 주흥도 못 죽인 위원충을 죽이라고도 했지만 역시 말을 안 들었다. 어쩌면 그는 어리석지 않았는지도 모른다.[47]

그런데 중종이 갑자기 죽어버렸다.

사인은 모살이었다고 하며 유력한 혐의자는 네 명이었다. 위황후와 안락공주 그리고 황후의 두 정부였다. 틀림없이 앞의 두 사람은 주범, 뒤의 두 사람은 종범이었을 것이다. 그 두 정부 중 한 사람은 요리에 능했고 한 사람은 의술에 정통했으므로 충분히 기술적 지원을 제공해줄 수 있었다. 그리고 어쨌든 황제는 떡을 먹고 하늘나라로 갔다.

이번에는 정말로 "음식을 잘못 먹은" 셈이었다.[48]

결국 이현은 죽었다. 이 어리바리한 위인은 평생을 가장 친한 네 여인에게 치여 살았다. 그들은 친어머니 무측천, 아내 위황후, 딸 이과아 그리고 첩이자 비서였던 상관완아였다.

그러면 당나라 황실에는 이제 남자가 없었을까?

당연히 있었다. 그는 바로 이단의 셋째 아들 이융기李隆基였다.

249 이융기는 태종의 위엄을 재현했다. 경운景雲 원년(710) 6월 20일 밤,

---

46 상관완아가 위황후에게 무측천을 본받으라고 권했다는 이야기가 『구당서』 「중종위서인전」에 나온다. 새 존호를 만든 일은 『신당서』 「중종기」와 『자치통감』 208권 경룡 원년 8월 항목을 참고.

47 『자치통감』 208권 경룡 원년 8월

48 중종 이현의 죽음과 관련해 『신당서』 「중종기」는 황제가 붕어했다고만 말한다. 하지만 글 앞부분에서 황후, 안락공주, 산기상시散騎常侍 마진객馬秦客이 반反하였다는 말을 덧붙임으로써 확실히 위황후가 중종의 죽음과 관계가 있었음을 암시한다. 하지만 같은 책의 「위황후전」에서는 "황제가 시해되었다"고 명시했다. 그리고 『구당서』 「중종기」는 황제가 독에 당해 신룡전神龍殿에서 붕어했다고 말한다. 『자치통감』 209권의 경운 원년 5월 항목의 서술은 더 분명하다. 산기상시 마진객은 의술에,

뭇별이 눈처럼 하얗게 빛날 때 임치왕臨淄王 이융기의 쿠데타 부대가 하늘의 군사가 땅에 내려온 듯 궁 안에 나타났다. 본래 수도방위군이었던 그들이 지시받은 사항은 이랬다.

"위황후 일당이 선제를 독살하고 사직을 위협하여 인간과 신령의 공분을 사고 있으니 오늘 밤 기필코 몰살시켜라."

일찍부터 위씨 패거리에 대한 한이 골수에 사무쳤던 장병들은 크게 호응하여 위황후와 안락공주와 상관완아 등을 여명이 오기 전까지 죄다 잡아죽였다.

이때는 중종이 급사한 지 20일도 안 된 시점이었다.

이해, 이융기는 26세였다.

그 후로는 일이 순조롭게 흘러가는 듯했다. 이단이 새 황제가 되었고 이융기는 태자가 되었다가 2년 뒤 부황이 넘겨준 황위를 이어받았다. 하지만 안타깝게도 또 변수가 생겼다. 그 앞에 더 상대하기 까다로운 여자가 나타났다.

그 여자는 바로 이융기의 친고모 태평공주였다.

당나라의 공주들에 관해 이야기하는 것도 보통 일은 아니어서 『신당서』는 아예 별도의 지면을 할애해 그 여성들의 생애와 사적을 기록했다. 그중에서 태평공주는 한마디로 '공주 중의 공주'였다. 고종과 무측천의 막내딸로서 그녀의 정치적 지위는 작은 오빠 이단에 버금갔으며 무측천 시대의 정치 투쟁 속에서 항상 그녀의 그림자를 볼 수 있었다. **250**

중종 즉위 후에는 또 추가로 진국鎭國태평공주로 봉해졌다. 봉호가 진국, 즉 나라를 제압하는 것이었으니 당연히 저택에서 음악이나 들으며 편안히 만년을 보낼 리는 없었다.

실제로 쿠데타가 일어나고 나흘째 되는 날, 태평공주는 자신의 특수한 신분을 이용해 어전회의를 열었다. 위황후가 이미 새 황제로 세운 중종의 아들 이중무李重茂를 자리에서 끌어내려야 했다. 태평공주가 대뜸 말했다.

"황제가 숙부에게 양위하는 것에 대해 다들 어찌 생각하시는가?"

이융기의 한 측근이 즉시 무릎을 꿇으며 말했다.

"천하가 근본으로 되돌아가는 것이 옳습니다."

"알겠네."

태평공주는 고개를 끄덕이더니 16세의 어린 황제를 붙잡아 옥좌에서 번쩍 일으켜 세웠다.

"얘야, 이 자리는 이제 네 것이 아니란다."[49]

아무리 황제의 고모라고 해도 너무 지나치지 않은가?

이제는 예종 이단이 샌드위치 신세가 되었다. 한쪽에는 여장부 태평공주가 있었고 다른 한쪽에는 젊고 유능한 태자 이융기가 있었다. 가없은 이 오빠 겸 아버지는 평균대 위를 걷는 기분이었다. 정무를 처리할 때마다 그는 먼저 "태평에게는 물어보았는가? 융기와는 이야기해봤는가?"라고 물어봐야 했다. 이 황제는 너무 피곤했고 점점 더 평균대가

251

연도	연호	월일		사건
697	신공 원년	연초		태평공주가 여황에게 장창종을 추천
699	성력 2년	7월		태평공주가 이씨와 무씨의 맹세에 참여
702	장안 2년	8월		태평공주와 두 오빠가 장창종의 책봉을 주청
705	신룡 원년	정월	22일	태평공주가 장간지의 쿠데타를 지지
			25일	태평공주가 추가로 진국이라는 봉호를 받음
710	경운 원년	6월	2일	중종 이현이 붕어
			7일	태자 이중무가 즉위
			20일	이융기의 쿠데타
			24일	태평공주가 이중무에게 양위를 강요
			27일	이융기가 태자로 책봉됨
711	경운 2년	정월		태평공주가 공개적으로 태자 퇴출을 제안
		2월 2일		태자 이융기가 국정을 통솔
712	경운 3년	8월	3일	이융기가 즉위하고 이단은 태상황이 됨
			7일	연호를 선천으로 바꿈
713	선천 2년	7월	3일	이융기가 태평공주 세력을 분쇄
			4일	태상황이 모든 권력을 내놓음
			6일	태평공주가 집에서 자결
		12월 1일		연호를 개원으로 바꿈
716	개원 4년	6월 19일		태상황 이단 붕어

태평공주와 이융기 관련 사건 일람표

아니라 철사 위를 걷는 듯한 느낌이 들었다. 이에 예종은 2선으로 물러나 이융기에게 황위를 넘기기로 결정했다.[50]

완충 지대가 없어져 공주와 새 황제는 정면충돌할 수밖에 없었다. 그리고 더 심각한 문제는 그들의 이념이 서로 다른 데 있었다. 이융기는 태종의 노선을 되살리려 했지만 태평공주는 무측천 시대에 미련이 있었다. 음으로 양으로 다툰 결과, 양립 불가능한 두 세력은 마침내 생사의 결전으로 접어들었다. 돌이킬 수 있는 여지는 전무했다.

선천先天 2년(713) 7월, 이융기는 밀정에게서 태평공주가 4일에 쿠데타를 일으킬 것이라는 보고를 받았다. 젊은 황제는 즉시 결단을 내리고 한발 앞서 3일에 공주의 세력을 일망타진했다. 혼자 남겨진 공주는 산사山寺로 도망갔다가 다시 집에 돌아와 자결했으며 비로소 안심한 예종은 완전히 권력을 내놓았다.[51]

이제야 당나라에 진정한 새 황제가 생겼다. 그는 당현종이었고 당명황明皇이라고도 했다. 새로운 시대가 시작되었으며 훗날 이 시대는 개원의 치라고 불렸다. 하지만 잠복한 지 오래된 위기도 나타났으니, 그것은 바로 안사安史의 난이었다.

50 예종이 태평공주와 태자의 눈치를 함께 살핀 것은 『자치통감』 209권 경운 원년 6월 항목 참고. 『구당서』 「예종기」에 따르면 예종은 양위 후에도 대권을 장악한 채 스스로 짐이라 칭했고 새 황제는 단지 '여予'라고 칭하면서 3품 이하의 관원만 처분할 수 있게 했다고 한다. 그래서 이단은 이연 같은 태상황이 아니라 황상황皇上皇, 즉 황제 위의 황제였다고 보는 편이 맞다.

51 『자치통감』 210권 개원 원년 7월 항목과 『당대조령집』 30권 「예종명명황총군국형정조睿宗命明皇總國軍刑政詔」 참고. 태평공주의 최후는 위황후와 그 주변인들보다는 조금 나았다. 『신당서』 「제제공주전」에 따르면 태평공주는 자결하라는 명을 받았고 공주의 명호를 지켰다. 이와 비교해 위황후는 서인으로, 안락공주는 더 심하게 패역悖逆 서인으로 강등되었다. 『구당서』 「중종위서인전」 참고.

부자 학자 이중톈

2019년 발표된 '중국 작가 인세 수입 베스트'에서 이중톈은 『이중톈 중국사』 등으로 700만 위안(한화 약 11억 9000만 원)을 벌어 8위를 차지했다. 그는 이미 2007년에 첫 베스트셀러 『삼국지 강의品三國』 상·하권의 판매량 360만 권의 인세만으로 1100만 위안(한화 약 18억 7000만원)을 벌어들인 바 있고 그 밖에 강연과 방송 출연도 활발히 해왔으니 지난 10여 년간 도대체 얼마를 벌었을지 상상하기 힘들다. 따라서 항간에 그가 학자가 아니라 '상인'이라고 비판하는 이들이 넘쳐나는 게 이해가 간다. '학자'와 '거부'는 일반인의 상식에서는 서로 양립하기 힘든 개념이기 때문이다.

하지만 이중톈은 자신이 많은 돈을 버는 것에 대해 추호의 부끄러움도 없다. 오히려 최근 어느 TV 토론 프로그램에서 떳떳하게 "나는 돈을 벌려고 한다. 누가 지식인은 가난해야 한다고 규정했나?"라고 말한

바 있다. 그리고 "안빈낙도安貧樂道는 가난해도 도를 즐겨야 한다는 뜻
이지, 도를 즐기려면 꼭 가난해야 한다는 뜻은 아니다"라고 자기 소신
을 밝혔다.

　이런 소신은 사실 가난했던 경험의 산물이다. 그는 2005년 중국
CCTV 교양 프로그램 「백가강단」에 출연해 유명세를 타면서부터 지
긋지긋한 가난에서 겨우 벗어났다. 그가 1947년생인 것을 감안하면
50대 후반이 돼서야 형편이 나아진 것이다. 당시 그는 남방의 일류대인
샤먼대학 중문과 교수였지만 중국 인문계 대학교수의 월급은 그리 많
지 않다. 그래서 '백가강단' 출연 당시 목표 중 하나는 새집을 살 돈을
버는 것이었다고 한다. 그전까지 그의 가족이 살던 집은 1990년대 중
반에 샤먼대학이 염가로 제공한 낡고 좁은 교직원 아파트였으며 이 아
파트조차 하마터면 입주하지 못할 뻔했다. 집값이 겨우 3만 위안(한화
약 500만 원)이었는데도 돈이 모자라서 딸이 1만 위안을 지원해야만 했
었다. 이 일로 인해 이중톈은 계속 이렇게 살아서는 안 된다고, 학자도
돈을 벌 궁리를 해야 한다고 크게 깨달았다. 가난해서 집조차 사지 못
하면 학자로서 무슨 원대한 꿈을 꾼단 말인가? 지식인도 가족을 잘 부
양하며 품위 있게 살아야 한다고 생각했다.

　그런데 이중톈이 학자도 돈이 필요하다고 절감한 더 결정적인 순간
은 그가 모교 우한대학에서 전임강사로 일한 지 4년째이던 1985년
11월에 있었다. 당시 그의 학교 선배였던 푸성원付生文이 강단에서 당나

라 시를 가르치다가 과로로 쓰러져 겨우 40세의 나이에 요절하는 일이 벌어졌다. 푸성원의 집에 문상을 간 이중톈은 더 큰 충격을 받았다. 겨우 열 평밖에 안 되는 그의 집은 사방 벽에 책만 가득했고 변변한 가구 하나 없어 문상객들은 앉을 의자도 찾지 못했다. 고인의 부인이 한 말에 따르면 푸성원은 평소 고기를 살 돈도 없어서 이따금 돼지고기를 사와서 아이에게 영양 보충을 해줄 때면 자기는 젓가락도 들지 않았다고 한다.

훗날 이중톈은 그 일이 자신에게 엄청난 자극을 주었다고 술회했다. 학자가 자기 건강과 가족의 기본 생계도 못 챙길 정도로 가난하다면 책이 아무리 많고 또 학식이 아무리 높은들 무슨 소용이 있는가. 푸성원처럼 언제 강단에서 쓰러져 생을 마감할지 모르니 말이다. 이때 그는 어떻게든 자신의 운명을 바꿔 경제적으로 윤택해지겠다고 결심했다. 그리고 끝내 「백가강단」에서 '한나라의 풍운아들'과 '삼국지 강의' 시리즈 강연을 히트시키면서 목적한 부를 이뤘다. 돈을 벌겠다고 처음 뜻을 세운 지 무려 20년 만의 일이었다.

그러면 이중톈은 '부자 학자'의 목표를 이루기 위해 구체적으로 어떤 노력을 기울였을까? 내가 보기에 그는 지속적으로 대중 친화적인 콘텐츠를 마련하면서 동시에 자기 자신을 콘텐츠화했다. 본래 그의 전공은 양나라 때의 미학서인 『문심조룡』이었다. 사실 이 책 자체는 심오하고 고리타분하기 그지없지만 이 책이 나온 시기는 중국 역사상 가장 많은 영웅이 명멸한 위진남북조 시대다. 이중톈은 그 시대 영웅들의 이야기를 연구, 발굴해 자기 것으로 삼았고 또 대학 강의를 통해 계속 자신의 언변을 가다듬었다. 그의 강의는 늘 수강생이 넘쳐나서 빈자리를 찾을 수 없었다고 한다.

대학과 지식인들의 처지가 말할 수 없이 궁색해지는 지금, 이중톈의 사례는 확실히 참고할 만한 가치가 있다. 비록 학자가 되기도 힘들고, 전문 지식에서 '돈이 될 만한' 콘텐츠를 가공해내는 것도 여간 힘든 일이 아니지만, 그래도 이처럼 평생의 공력을 기울여 학자로서의 명예와 물질적 부를 동시에 성취한 성공 사례가 존재한다는 것은 그나마 우리에게 일말의 희망을 줄 수 있다고 본다.

2022. 2. 9

김택규

부록

『무측천의 정치』에 언급된
사건 연표

<u>617년(수양제 대업 13)</u> 무측천의 아버지 무사확이 이연을 좇아 태원에서 군대를 일으킴.

<u>618년(당고조 무덕 원년)</u> 이연이 칭제를 하고 당나라가 세워졌으며 무사확이 2등 공신 14인 중 한 명이 됨.

<u>620년(무덕 3)</u> 무사확이 정3품 공부상서工部尙書로 승진.

<u>622년(무덕 5)</u> 이슬람교 교력 원년.

<u>625년(무덕 8)</u> 무측천 출생.

<u>630년(당태종 정관 4)</u> 무함마드가 군대를 이끌고 메카를 함락.

<u>631년(정관 5)</u> 현장 법사가 인도에 도착.

<u>632년(정관 6)</u> 무함마드 사망.

<u>638년(정관 12)</u> 무측천이 14세의 나이에 입궁해 무미武媚라는 이름을 얻음. 아랍인이 예루살렘을 점령.

<u>643년(정관 17)</u> 정월, 위징 사망. 4월, 태자 이승건이 폐위되고 16세의 진왕 이치가 새 태자가 됨.

<u>649년(정관 23)</u> 5월 26일, 당태종이 52세로 사망. 6월 1일, 당고종 이치가 22세로 즉위. 8월, 25세의 무미낭이 감업사의 비구니가 됨.

261

651년(당고종 영휘 2) 8월부터 10월 사이, 무미낭이 입궁해 정2품 소의가 됨. 이슬람교의 중국 전래 시작.

652년(영휘 3) 7월, 이충이 태자가 되고 이홍 출생. 11월, 고양공주와 방유애 등의 모반 사건이 일어나고 오왕 이각이 장손무기의 무고로 자결.

653년(영휘 4) 2월, 이적이 사공으로 임명됨.

654년(영휘 5) 12월, 이현李賢 출생.

655년(영휘 6) 10월 12일, 왕황후와 소숙비가 폐위됨. 18일, 무소의가 황후가 됨. 11월 1일, 황후 책봉 의식이 거행됨.

656년(현경 원년) 정월, 태자 이충 양왕으로 강등. 11월 5일 이현李顯 출생.

657년(현경 2) 3월, 이의부가 중서령이 됨. 8월, 허경종이 시중이 됨. 내제와 한원이 좌천됨. 당나라가 서돌궐을 멸함.

658년(현경 3) 저수량이 유배지에서 사망.

659년(현경 4) 4월, 장손무기가 모반했다는 무고를 당함. 6월, 『씨족지』를 『성씨록』으로 고치라는 조칙이 내려짐. 7월, 장손무기가 강요로 자살.

660년(현경 5) 6월, 당고종이 중풍에 걸려 무황후가 조회에 참석하기 시작. 신라가 당나라와 연합해 백제를 멸함.

661년(현경 6) 아랍 제국의 우마이야 왕조 수립.

662년(용삭 2) 6월 1일, 이단 출생.

663년(용삭 3) 4월, 이의부가 유배 판결을 받음.

664년(인덕 원년) 3월, 무측천의 죽은 장녀가 안정공주로 추서됨. 12월, 고 **262**

종의 무황후 폐위 시도가 실패로 돌아가고 재상 상관의가 피살되었으며 폐태자 이충이 모반했다는 무고로 죽임을 당함. 이때부터 고종과 무황후가 함께 국정을 돌보면서 '이성'이라 불림.

666년(건봉 원년) 정월, 태산의 봉선 의식에 무황후가 참여. 8월, 무황후가 위국부인을 독살하고 무유량과 무회운에 책임을 전가.

668년(건봉 3, 총장總章 원년) 9월, 이적이 군대를 이끌고 평양을 함락해 당나라가 고구려를 멸했고 평양에 안동도호부를 설치.

670년(함형 원년) 토번이 당나라의 서역 18주를 함락.

671년(함형 2) 6월, 하란민지가 살해됨.

674년(함형 5) 고종은 천황, 무황후는 천후라 칭함.

675년(상원 2) 4월, 태자 이홍이 24세의 나이로 사망. 이현李賢이 23세로 새 태자가 됨.

679년(조로 원년) 송평(지금의 하노이)에 안남도호부 설치.

680년(조로 2, 영륭 원년) 8월, 태자 이현이 서인으로 강등되고 이현李顯이 새 태자가 됨.

683년(홍도 원년) 12월 4일, 당고종이 56세로 사망. 12월 11일, 이현이 28세의 나이로 황위를 계승.

684년(광택 원년) 2월 6일, 이현이 폐위됨. 이단이 22세의 나이로 황위를 계승. 이현李賢이 피살됨. 무태후가 국정을 잡아 조정을 개혁. 서경업이 반란을 일으킴. 배염, 정무정 피살. 서경업 패망.

685년(수공 원년) 무측천이 설회의를 정부로 삼음.

686년(수공 2) 3월, 동궤를 설치해 밀고 제도를 마련.

687년(수공 3) 유위지, 이효일 등이 피살.

688년(수공 4) 4월, 학상현이 피살. 5월, 무측천에게 '성모신황'이라는 존호가 추가됨. 8월, 이충의 쿠데타 실패로 이씨 종실이 무더기로 피살. 12월, 명당이 완성되고 '만상신궁'으로 개명.

689년(영창 원년) 정월, 만상신궁에서 대제사를 거행. 8월, 서경진 사건 발생. 11월, 새 책력인 주정이 사용되기 시작했고 재초로 연호가 바뀌었으며 무측천이 무조로 개명.

690년(무측천 재초 원년) 7월, 설회의 등이 『대운경소』를 만들어 성모신황이 미륵불의 현신이라고 주장. 9월, 66세의 무측천이 국호를 주로, 연호를 천수로 바꾸고 '성신황제'라는 존호를 추가.

691년(천수 2) 1월, 혹리 구신적 피살. 2월, 주흥이 유배가던 중 피살되고 색원례가 옥중에서 사망. 9월, 부유예가 투옥되어 자살하고 적인걸이 재상으로 임명됨. 10월, 무씨에 반대하던 대신들이 대거 피살.

692년(천수 3) 1월, 적인걸이 모반했다는 무고를 당함. 4월, 여의如意로 연호가 바뀜. 9월, 장수로 연호가 바뀜.

693년(장수 2) 1월, 황사 이단이 모반했다는 무고를 당함.

695년(증성證聖 원년) 설회의가 피살.

697년(신공 원년) 73세의 무측천이 장씨 형제를 첩으로 삼음. 6월, 이소덕과 혹리 내준신이 피살. 윤10월, 적인걸이 다시 재상이 됨.

698년(성력 원년) 3월, 이현이 비밀리에 낙양으로 소환됨. 8월, 무승사 사망. 9월, 이단이 퇴위하고 이현이 태자가 됨.

699년(성력 2) 7월, 이씨와 무씨, 양가의 자제들이 맹세를 함.

700년(구시 원년) 9월, 적인걸 사망.

705년(당중종 신룡 원년) 정월 22일, 재상 장간지 등이 쿠데타를 일으킴. 23일, 무측천이 태자에게 자기 대신 국정을 돌보라고 명함. 24일, 태자 이현에게 황위를 넘긴다는 조서를 내림. 25일, 이현이 대주의 황위에 오름. 26일, 무측천이 상양궁에 연금됨. 27일, 이현이 무측천에게 '측천대성황제'라는 존호를 올림. 2월 4일, 이현이 당나라 국호의 회복을 선포. 11월 26일, 무측천이 향년 81세로 사망.

706년(신룡 2) 10월, 중앙의 기관들이 장안으로 돌아옴.

707년(신룡 3) 7월, 태자 이중준李重俊이 쿠데타를 일으켜 무삼사를 죽이고 자신도 피살됨. 9월, 연호가 경운으로 바뀜.

710년(경운 원년) 6월 2일, 중종 피살. 20일, 이융기가 쿠데타를 일으켜 위황후 세력을 멸함. 24일, 예종 이단이 즉위.

712년(경운 3) 8월, 예종 이단이 스스로 태상황이 되고 황위를 이융기에게 전함. 같은 달, 연호가 선천으로 바뀜.

713년(당현종 선천 2) 7월, 태평공주 세력이 분쇄됨. 12월, 연호가 개원으로 바뀜. 당현종의 시대가 시작됨.

이중톈 중국사
\15\

무측천의 정치

초판 인쇄	2022년 3월 2일
초판 발행	2022년 3월 11일

지은이	이중톈
옮긴이	김택규
펴낸이	강성민
편집장	이은혜
편집	신상하
마케팅	정민호 이숙재 김도윤 한민아 정진아 이가을 우상욱 박지영 정유선
브랜딩	함유지 김희숙 함근아 정승민

펴낸곳	(주)글항아리 | 출판등록 2009년 1월 19일 제406-2009-000002호
주소	10881 경기도 파주시 회동길 210
전자우편	bookpot@hanmail.net
전화번호	031-955-1903(편집부) 031-955-2696(마케팅)
팩스	031-955-2557

ISBN   978-89-6735-632-3 03900

www.geulhangari.com